BRÜDER GRIMM

Die Brüder Jacob (1785–1863) und Wilhelm (1786–1859) Grimm gelten als die Begründer der deutschen Sprach- und Literaturwissenschaft. Sie sammelten mündlich überlieferte Märchen und veröffentlichten sie zwischen 1812 und 1815 unter dem Titel »Kinder- und Hausmärchen«. Die Grimmsche Märchensammlung zählt seit 2005 zum UNESCO-Weltdokumentenerbe.

BERNADETTE

Bernadette wurde in Northampton, England, geboren. Sie studierte Illustration und Kunst am Maidstone College of Art in Kent, unter anderem bei Brian Wildsmith und David Hockney. Seit 1968 arbeitet sie als freie Illustratorin. Sie hat unzählige Grimm- und Andersen-Märchen für den NordSüd Verlag in ihrem einzigartigen Stil illustriert. Bernadette lebt und zeichnet in Kent.

GRIMMS MÄRCHEN

Illustriert von BERNADETTE

Nord Süd

INHALT

ROTKÄPPCHEN

Es war einmal ein kleines Mädchen, jeder hatte es lieb, der es nur ansah, am allerliebsten aber seine Großmutter, die wusste gar nicht, was sie dem Kind alles geben sollte. Einmal schenkte sie ihm ein Käppchen von rotem Samt, und weil ihm das so gut stand und es nichts anderes mehr tragen wollte, hieß es nur das Rotkäppchen. Eines Tages sprach seine Mutter zu ihm: »Komm, Rotkäppchen, da hast du ein Stück Kuchen und eine Flasche Wein, bring das der Großmutter hinaus; sie ist krank und schwach und wird sich daran stärken. Mach dich auf, bevor es heiß wird, und wenn du hinauskommst, so geh hübsch brav und lauf nicht vom Weg ab, sonst fällst du und zerbrichst das Glas, und die Großmutter hat nichts. Und wenn du in ihre Stube kommst, dann vergiss nicht, Guten Morgen zu sagen, und guck nicht erst in allen Ecken herum.«

»Ich will schon alles gut machen«, sagte Rotkäppchen zur Mutter und gab ihr die Hand darauf.

Die Großmutter aber wohnte draußen im Wald, eine halbe Stunde vom Dorf. Wie nun Rotkäppchen in den Wald kam, begegnete ihm der Wolf. Rotkäppchen aber wusste nicht, was das für ein böses Tier war, und fürchtete sich nicht vor ihm. »Guten Morgen, Rotkäppchen«, sprach er. »Schönen Dank, Wolf.«

»Wo hinaus so früh, Rotkäppchen?«
»Zur Großmutter.«
»Was trägst du unter der Schürze?«
»Kuchen und Wein: Gestern haben wir gebacken, da soll sich die kranke und schwache Großmutter etwas zugutetun und sich damit stärken.«

»Rotkäppchen, wo wohnt deine Großmutter?«
»Noch eine gute Viertelstunde weiter im Wald, unter den drei großen Eichbäumen, da steht ihr Haus, unten sind die Nusshecken, das wirst du ja wissen«, sagte Rotkäppchen.
Der Wolf dachte bei sich: »Das junge, zarte Ding, das ist ein fetter Bissen, der wird noch besser schmecken als die Alte: Du musst es listig anfangen, damit du beide schnappst.«
Da ging er ein Weilchen neben Rotkäppchen her, dann sprach er: »Rotkäppchen, sieh einmal die schönen Blumen, die ringsumher stehen, warum guckst du dich nicht um? Ich glaube, du hörst gar nicht, wie die Vöglein so lieblich singen? Du gehst ja vor dich hin, als ob du zur Schule gingst, und es ist so lustig draußen im Wald.«
Rotkäppchen schlug die Augen auf, und als es sah, wie die Sonnenstrahlen durch die Bäume hin und her tanzten und alles voll schöner Blumen stand, dachte es: »Wenn ich der Großmutter einen frischen Strauß mitbringe, der wird ihr auch Freude machen; es ist so früh am Tag, dass ich doch zu rechter Zeit ankomme«, lief vom Wege ab in den Wald hinein und suchte Blumen.

Und wenn es eine gepflückt hatte, meinte es, weiter draußen stände eine schönere, und lief danach und geriet immer tiefer in den Wald hinein.

Der Wolf aber ging geradewegs zum Haus der Großmutter und klopfte an die Türe.
»Wer ist draußen?«
»Rotkäppchen, das bringt Kuchen und Wein, mach auf!«

»Drück nur auf die Klinke!«, rief die Großmutter. »Ich bin zu schwach und kann nicht aufstehen.« Der Wolf drückte auf die Klinke, die Türe sprang auf, und er ging, ohne ein Wort zu sprechen, direkt zum Bett der Großmutter und verschluckte sie.

Dann zog er ihre Kleider an, setzte ihre Haube auf, legte sich in ihr Bett und zog die Vorhänge vor. Rotkäppchen aber war den Blumen nachgelaufen, und als es so viele zusammenhatte, dass es keine mehr tragen konnte, fiel ihm die Großmutter wieder ein und es machte sich auf den Weg zu ihr. Es wunderte sich, dass die Türe aufstand, und wie es in die Stube trat, so kam es ihm so seltsam darin vor, dass es dachte: »Ei, du mein Gott, wie ängstlich wird mir's heute zumute, ich bin doch sonst so gerne bei der Großmutter.«

Es rief: »Guten Morgen!«, bekam aber keine Antwort. Darauf ging es zum Bett und zog die Vorhänge zurück: Da lag die Großmutter und hatte die Haube tief ins Gesicht gesetzt und sah so merkwürdig aus.

»Ei, Großmutter, was hast du für große Ohren!«

»Dass ich dich besser hören kann.«

»Ei, Großmutter, was hast du für große Augen!«

»Dass ich dich besser sehen kann.«

»Ei, Großmutter, was hast du für große Hände!«

»Dass ich dich besser packen kann.«

»Aber, Großmutter, was hast du für ein entsetzlich großes Maul!«
»Dass ich dich besser fressen kann.«
Kaum hatte der Wolf das gesagt, so sprang er mit

einem Satz aus dem Bette und verschlang das arme Rotkäppchen. Als der Wolf seine Lust gestillt hatte, legte er sich wieder ins Bett, schlief ein und fing an, überlaut zu schnarchen.

Der Jäger ging gerade an dem Haus vorbei und dachte: »Wie die alte Frau schnarcht, du musst doch sehen, ob ihr etwas fehlt.« Da trat er in die Stube, und als er zum Bett kam, da sah er, dass der Wolf darin lag. »Finde ich dich hier, du alter Sünder«, sagte er, »ich habe dich lange gesucht.«

Nun wollte er seine Büchse anlegen, da fiel ihm ein, der Wolf könnte die Großmutter gefressen haben und sie wäre noch zu retten. Er schoss nicht, sondern nahm eine Schere und fing an, dem schlafenden Wolf den Bauch aufzuschneiden.

Wie er ein paar Schnitte getan hatte, da sah er das rote Käppchen leuchten, und noch ein paar Schnitte, da sprang das Mädchen heraus und rief:

»Ach, wie war ich erschrocken, wie war's so dunkel in dem Wolf seinem Leib!« Und dann kam die alte Großmutter auch noch lebendig heraus und konnte kaum atmen. Rotkäppchen aber holte geschwind große Steine,

damit füllten sie dem Wolf den Leib,
und als er aufwachte, wollte er fortspringen,

aber die Steine waren so schwer,
dass er gleich niedersank und tot umfiel.

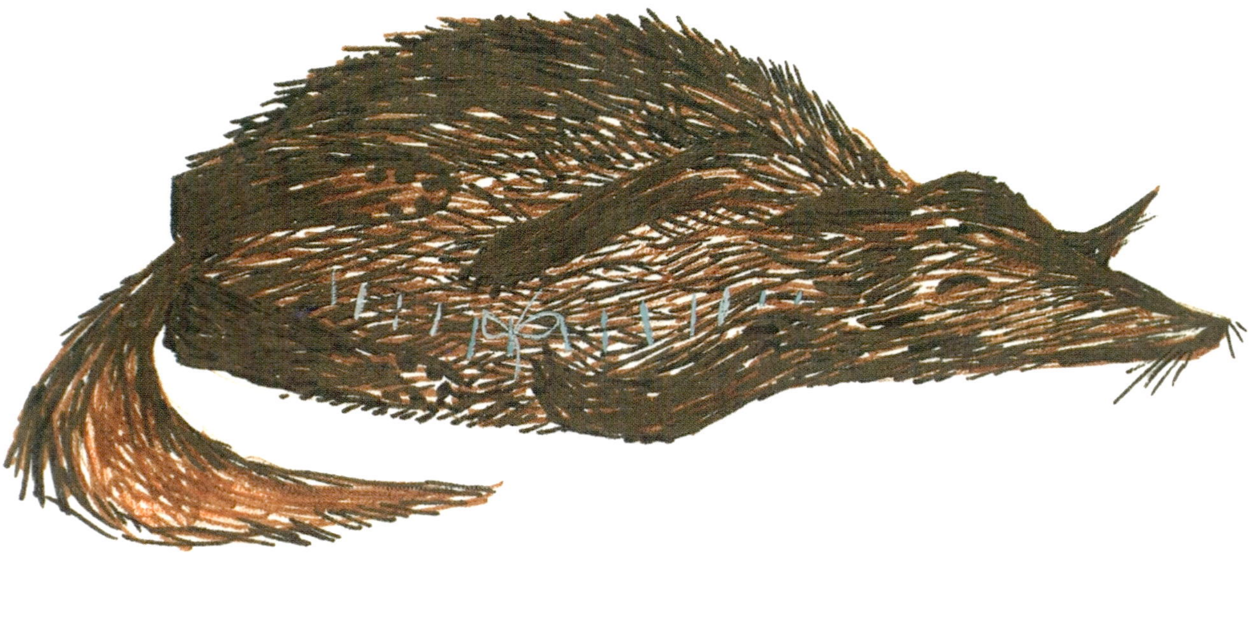

Da waren alle drei vergnügt; der Jäger zog dem Wolf den Pelz ab und ging damit heim, die Großmutter aß den Kuchen und trank den Wein, den Rotkäppchen gebracht hatte, und erholte sich wieder. Rotkäppchen aber dachte: »Du willst dein Lebtag nicht wieder allein vom Wege ab in den Wald laufen, wenn dir's die Mutter verboten hat.«

JORINDE UND JORINGEL

Es war einmal ein altes Schloss mitten in einem großen Wald. Ganz allein wohnte darin eine alte Frau; sie war eine Zauberin. Am Tag verwandelte sie sich in eine Katze oder Eule, am Abend wurde sie wieder ein Mensch. Sie lockte das Wild mit Zaubersprüchen herbei, um es dann zu braten und zu essen. Wenn ein Jüngling aber auf hundert Schritte dem Schloss nahekam, musste er stillstehen und konnte sich nicht von der Stelle rühren, bis sie ihn erlöste. Kam aber ein junges Mädchen in diesen Zauberkreis, so verwandelte die Zauberin es in einen Vogel, sperrte es in einen Käfig und trug den Käfig in das düstere Schloss. Sie hatte wohl siebentausend Käfige mit solchen Vögeln im ganzen Schloss.

Nun lebte einmal ein Mädchen, das hieß Jorinde. Es war schöner als alle anderen Mädchen. Jorinde hatte einen Freund, der hieß Joringel. Die beiden liebten sich sehr und wollten bald heiraten. Einmal gingen sie in den Wald, um ungestört zusammen reden zu können. Joringel warnte: »Gib acht, dass du nicht zu nahe ans Schloss kommst!«

Es war ein schöner Abend. Die Sonne schien auf die Lichtung und die Turteltauben sangen kläglich auf den alten Maibuchen.

Jorinde weinte zuweilen, auch Joringel klagte. Sie hatten das Gefühl, als ob sie bald für immer getrennt würden. Sie sahen sich nach dem Heimweg um, aber sie fanden ihn nicht. Noch halb stand die Sonne über dem Berg und halb war sie untergegangen. Nach dem Weg suchend spähte Joringel durchs Gebüsch, und da sah er plötzlich ganz nah die alte Mauer des Schlosses. Er erschrak und hatte große Angst. Jorinde sang wehmütig:

»Mein Vöglein mit dem Ringlein rot
singt Leide, Leide, Leide.
Es singt dem Täublein seinen Tod,
singt Leide, Lei-zicküht, zicküht, zicküht.«

Joringel schaute sich nach Jorinde um:
Sie war in eine Nachtigall verwandelt. Eine Eule mit glühenden Augen flog dreimal um sie herum und schrie dreimal: »Schu, hu, hu! Schu, hu, hu! Schu, hu, hu!«
Joringel konnte sich nicht bewegen. Er stand da wie ein Stein, konnte nicht weinen, nicht reden, weder Hand noch Fuß regen. Nun war die Sonne untergegangen. Die Eule flog in einen Strauch und kam gleich darauf als alte Frau wieder hervor. Sie murmelte, fing die Nachtigall und trug sie auf der Hand fort. Joringel konnte nichts sagen, sich nicht rühren; die Nachtigall war verschwunden. Endlich kam die Zauberin wieder zurück und sagte mit dumpfer Stimme: »Grüß dich, Zachiel, wenn's Möndel ins Körbel scheint, bind los, Zachiel, zu guter Stund.«
Da wurde Joringel frei. Er fiel vor der Zauberin auf die Knie und bat, sie möge ihm seine Jorinde wiedergeben. Aber alles umsonst. Die Zauberin lachte nur böse und sagte, er solle sie nie wiederhaben, und verschwand im Wald. Er rief, er weinte, er jammerte, aber alles umsonst. »Uu, was soll mit mir geschehen!«, rief Joringel mutlos.

Endlich erhob sich Joringel und ging fort. Er kam in ein fremdes Dorf: Da hütete er die Schafe lange Zeit. Oft kehrte er zurück in den Wald, ging rund um das Schloss herum, aber nicht zu nahe heran. Nie sah oder hörte er die Nachtigall. Endlich träumte er einmal in der Nacht, er habe eine purpurrote Blume gefunden, in deren Mitte eine schöne Perle lag. Er habe sie genommen und sei damit zum Schloss gegangen: Und alles, was er mit der Blume berührte, wurde vom Zauber frei. Er träumte auch, er hätte mit der purpurnen Blume seine Jorinde wiederbekommen.
Am Morgen, als Joringel erwachte, fing er an, durch Berg und Tal zu gehen und nach der Blume zu suchen. Am neunten Tag fand er früh am Morgen die purpurrote Blüte. In der Mitte war ein Tautropfen, so schön wie eine Perle. Joringel pflückte die Blume und trug sie Tag und Nacht bis zum Schloss. Als Joringel dem Schloss hundert Schritte nah war, hielt kein Zauber ihn fest. Er kletterte zum Tor hinauf und berührte es mit der Blume.

Das Tor sprang auf und Joringel ging hindurch. Er kam in einen großen Hof und der Gesang von Hunderten von Vögeln schallte ihm entgegen. Die Zauberin entdeckte ihn sofort und wurde zornig, sehr zornig. Sie schrie und tobte, spie Gift und Galle und wollte nach ihm greifen. Aber sie konnte nicht näher als zwei Schritte an ihn herankommen, denn die Blume beschützte ihn. Joringel schaute auf die vielen Käfige. Wie sollte er seine Jorinde finden? Da sah er die Zauberin heimlich einen Käfig wegnehmen und damit die Treppe hinaufschleichen. Schnell sprang er mit der Blume hinter ihr her und berührte sie.

Mit einem wütenden Schrei ließ die Zauberin den Käfig stehen und rannte weg. Joringel berührte mit der Blume den Käfig: Das Türchen sprang auf, die Nachtigall flog heraus, und vor ihm stand seine Jorinde! Sie fiel Joringel gleich in die Arme und war so schön wie immer schon. Joringel berührte nun mit der Blume auch all die anderen Käfige und befreite die verzauberten Mädchen.

Dann erst konnte er seine Jorinde bei der Hand nehmen und nach Hause führen, wo sie lange und vergnügt zusammenlebten.

HÄNSEL UND GRETEL

Vor einem großen Wald wohnte ein armer Holzhacker mit seiner Frau und seinen zwei Kindern; das Bübchen hieß Hänsel und das Mädchen Gretel. Er hatte wenig zu beißen und zu brechen, und einmal, als große Teuerung ins Land kam, konnte er auch das tägliche Brot nicht mehr beschaffen.

Wie er sich nun abends am Kamin Gedanken machte und sich sorgte, sagte die Frau zu ihm: »Weißt du was? Wir wollen morgen in aller Frühe die Kinder hinaus in den Wald führen, wo er am dichtesten ist: Da machen wir ihnen ein Feuer an und geben jedem noch ein Stückchen Brot, dann gehen wir an unsere Arbeit und lassen sie allein. Sie finden den Weg nicht wieder nach Haus, und wir sind sie los.«
»Nein, Frau«, sagte der Mann, »das bringe ich nicht übers Herz.«

Aber die Frau nannte ihn einen Narren und sagte: »Dann müssen wir alle vier verhungern, du kannst uns die Bretter für die Särge hobeln«, und ließ ihm keine Ruhe, bis er einwilligte.
Die zwei Kinder hatten vor Hunger nicht einschlafen können und alles gehört. Hänsel tröstete Gretel, schlich sich vors Haus und steckte so viele weiße Kieselsteine, die im Mondlicht glänzten, in sein Rocktäschlein, als nur hineinpassten. Dann ging er wieder zurück, sprach zu Gretel: »Sei getrost, liebes Schwesterchen, und schlaf nur ruhig ein, Gott wird uns nicht verlassen«, und legte sich wieder ins Bett.

Als sie mitten im Wald angekommen waren, suchten sie Reisig und entfachten Feuer. Die Frau sagte: »Nun legt euch ans Feuer, ihr Kinder, und ruht euch aus, wir gehen in den Wald und hauen Holz. Wenn wir fertig sind, kommen wir euch holen.« Hänsel und Gretel saßen am Feuer, und als der Mittag kam, aß jedes sein Stücklein Brot. Und als sie lange gesessen hatten, fielen ihnen die Augen zu und sie schliefen fest ein. Als sie endlich erwachten, war es schon finstere Nacht. Gretel fing an zu weinen, aber Hänsel tröstete sie: »Warte nur ein Weilchen, bis der Vollmond aufgestiegen ist, dann wollen wir den Heimweg schon finden.« Er nahm sein Schwesterchen an der Hand und ging den Kieselsteinen nach, die schimmerten wie neue Münzen, und bei anbrechendem Tag waren sie wieder zu Hause.

In einer Nacht, nicht lange danach, hörten die Kinder, wie die Mutter wieder zum Vater sprach: »Alles ist aufgezehrt, wir haben noch einen halben Laib Brot, danach hat das Leid ein Ende. Die Kinder müssen fort, wir wollen sie tiefer in den Wald hineinführen, damit sie den Weg nicht wieder herausfinden; es gibt sonst keine Rettung für uns.« Dem Vater lastete es schwer auf dem Herzen, aber weil er das erste Mal nachgegeben hatte, so musste er es auch zum zweiten Mal.

Die Kinder waren aber noch wach gewesen und hatten das Gespräch mit angehört. Als die Alten schliefen, stand Hänsel auf, wollte hinaus und Kieselsteine auflesen wie das vorige Mal, aber die Frau hatte die Türe verschlossen. Hänsel tröstete sein Schwesterchen und sprach: »Sei getrost, Gott wird uns schon helfen. Morgen werde ich von meinem Brot Bröcklein auf den Weg werfen, und dann finden wir wieder nach Hause.«

Am nächsten Tag wurden die Kinder wieder in den Wald hinausgeführt, tiefer, als sie ihr Lebtag gewesen waren. Ein Feuer wurde angezündet, und die Alten gingen Holz hauen. Gretel teilte ihr Brot mit Hänsel, und dann schliefen sie ein. Aber niemand kam zu den armen Kindern, sie erwachten erst in der finstern Nacht, wärmten sich die Hände am Feuer, und Hänsel tröstete sein Schwesterchen und sagte: »Warte nur, Gretel, bis der Mond aufgeht, dann werden wir die Brotbröcklein sehen, die ich ausgestreut habe, die zeigen uns den Weg nach Hause.«

Als der Mond kam, machten sie sich auf, aber sie fanden kein Bröcklein mehr, denn die Vögel hatten alles weggepickt. Hänsel sagte zu Gretel: »Wir werden den Weg schon finden«, aber sie fanden ihn nicht. Sie gingen die ganze Nacht und noch einen Tag von Morgen bis Abend, aber sie kamen aus dem Wald nicht heraus.

Als es wieder Mittag war, sahen sie ein schönes schneeweißes Vöglein auf einem Ast sitzen, das sang so schön, dass sie stehen blieben und ihm zuhörten. Und als es fertig war, schwang es seine Flügel und flog vor ihnen her, und sie gingen ihm nach, bis sie zu einem Häuschen gelangten, auf dessen Dach es sich setzte.

Als sie ganz nah herankamen, da sahen sie, dass das Häuschen aus Brot gebaut war und mit Kuchen gedeckt; aber die Fenster waren von hellem Zucker.

»Da wollen wir uns dranmachen«, sprach Hänsel, »und eine gute Mahlzeit halten.« Hänsel reckte sich und brach ein wenig vom Dach ab, und Gretel stellte sich an die Scheibe und knusperte daran. Da rief eine feine Stimme aus der Stube heraus:
»Knusper, knusper, kneischen,
wer knuspert an meinem Häuschen?«
Die Kinder antworteten:
»Der Wind, der Wind,
das himmlische Kind«,
und aßen weiter, ohne sich beunruhigen zu lassen.

Auf einmal ging die Tür auf, und eine steinalte Frau kam herausgeschlichen. Hänsel und Gretel erschraken. Aber die Alte fasste beide an der Hand und führte sie in ihr Häuschen. »Kommt nur herein und bleibt bei mir, es geschieht euch kein Leid«, sprach sie, und dann wurde gutes Essen aufgetragen, Milch und Pfannkuchen mit Zucker, Äpfel und Nüsse.

Aber am nächsten Morgen, ehe die Kinder erwacht waren, stand die Alte schon auf, und als sie beide so lieblich ruhen sah, mit den vollen Backen, so murmelte sie vor sich hin: »Das wird ein guter Bissen werden.« Denn die Alte war eine böse Hexe, die den Kindern auflauerte, um sie zu essen, und hatte das Brothäuslein bloß gebaut, um sie herbeizulocken. Nun packte sie Hänsel mit ihrer dürren Hand und trug ihn in einen kleinen Stall und sperrte ihn mit einer Gittertüre ein; er mochte schreien, wie er wollte, es half ihm nichts. Dann ging sie zu Gretel, rüttelte sie wach und rief: »Steh auf, Faulenzerin, und koch deinem Bruder etwas Gutes, denn er soll fett werden. Dann will ich ihn essen.«

Gretel weinte bitterlich, aber sie musste tun, was die böse Hexe von ihr verlangte. Dem armen Hänsel wurde das beste Essen gekocht, und Gretel bekam nichts als Krebsschalen. Jeden Morgen schlich die Alte zum Ställchen und rief: »Hänsel, streck deine Finger heraus, damit ich fühle, ob du bald fett bist!« Hänsel streckte ihr aber ein Knöchlein heraus, und die Alte, die trübe Augen hatte, konnte es nicht sehen und meinte, es wäre Hänsels Finger, und wunderte sich, dass er gar nicht fett werden wollte.

Als vier Wochen herum waren und Hänsel immer mager blieb, packte sie die Ungeduld, und sie wollte nicht länger warten. »Heda, Gretel!«, rief sie dem Mädchen zu. »Sei flink und trag Wasser: Hänsel mag fett oder mager sein, morgen will ich ihn schlachten und kochen.« Und als Gretel bitterlich weinte, sagte die Alte: »Spar nur dein Geplärre, es hilft dir alles nichts.« Frühmorgens musste Gretel heraus und Holz holen. »Erst wollen wir backen«, sagte die Alte, »ich habe den Backofen schon eingeheizt, kriech hinein und sieh zu, ob es recht brennt.« Und die Hexe stieß die arme Gretel zum Backofen, aus dem die Feuerflammen schon herausschlugen. Wenn Gretel darin war, wollte sie den Ofen zumachen, und Gretel sollte darin braten, und dann wollte sie's auch aufessen.

Aber Gretel merkte, was die Alte im Sinne hatte, und sprach: »Ich weiß nicht, wie ich's machen soll, wie komm ich da hinein?«

»Dumme Gans«, sagte die Hexe, »die Öffnung ist groß genug, siehst du wohl, ich könnte selbst hinein«, und steckte den Kopf in den Backofen. Da gab ihr Gretel einen Stoß, dass sie weit hineinrutschte, machte die eiserne Tür zu und schob den Riegel vor. Hu! Unter wildem Geschrei und Getöse verbrannte die Alte jämmerlich. Gretel grauste sich, aber sie lief schnurstracks zu Hänsel, befreite ihn aus seinem Käfig, und beide fielen sich freudig um den Hals. Da die Hexe verbrannt war, hatten sie nichts mehr zu befürchten. So nahmen sie aus den Kästen, die in allen Ecken standen, Perlen und Edelsteine. »Die sind noch besser als Kiesel«, sagte Hänsel und steckte in seine Taschen, was hineinpasste. Dann machten sie sich auf den Weg, um aus dem Hexenwald herauszukommen.

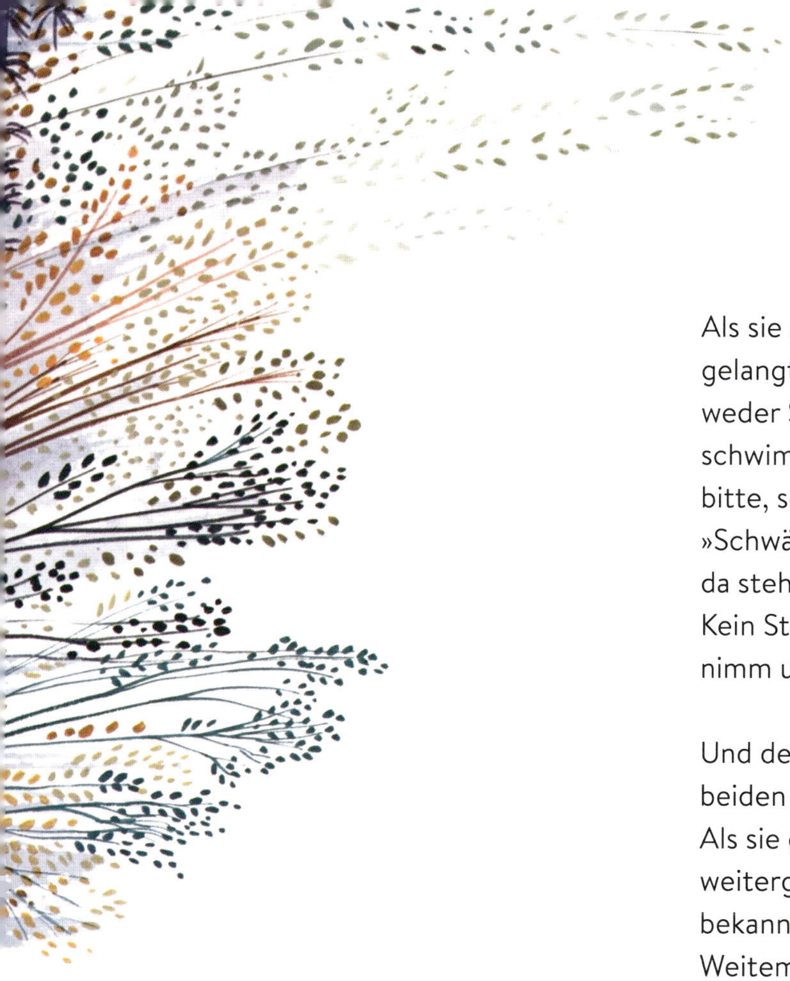

Als sie aber ein paar Stunden gegangen waren, gelangten sie an ein großes Wasser. »Hier ist weder Steg noch Brücke«, sagte Gretel, »aber da schwimmt ein weißer Schwan, und wenn ich ihn bitte, so hilft er uns hinüber.« Sie rief:

»Schwänchen, Schwänchen,
da stehen Gretel und Hänsel.
Kein Steg und keine Brücke,
nimm uns auf deinen weißen Rücken.«

Und der Schwan schwamm heran und trug die beiden Kinder nacheinander über das Wasser. Als sie glücklich drüben waren und ein Weilchen weitergingen, da kam ihnen der Wald immer bekannter vor, und endlich erblickten sie von Weitem ihres Vaters Haus.

Der Mann hatte keine frohe Stunde gehabt, seitdem er die Kinder im Wald gelassen hatte, die Frau aber war gestorben. Er umarmte glücklich seine Kinder, und mit den Perlen und Edelsteinen, die Hänsel und Gretel aus ihren Taschen schüttelten, hatten alle Sorgen ein Ende.

Mein Märchen ist aus, dort läuft eine Maus, wer sie fängt, darf sich eine große, große Pelzkappe daraus machen.

RAPUNZEL

Es waren einmal ein Mann und eine Frau, die wünschten sich schon lange vergeblich ein Kind. Endlich machte sich die Frau Hoffnung, der liebe Gott werde ihren Wunsch erfüllen. Die Leute hatten in ihrem Hinterhaus ein kleines Fenster, von da aus konnte man in einen prächtigen Garten sehen, der voll der schönsten Blumen und Kräuter stand; er war aber von einer hohen Mauer umgeben, und niemand wagte hineinzugehen, weil er einer Zauberin gehörte, die große Macht hatte und von aller Welt gefürchtet wurde. Eines Tages stand die Frau am Fenster und sah in den Garten hinab. Da erblickte sie ein Beet, das mit den schönsten Rapunzeln bepflanzt war, und sie sahen so frisch und grün aus, dass sie Lust bekam und das größte Verlangen empfand, von den Rapunzeln zu essen. Das Verlangen nahm jeden Tag zu, und da sie wusste, dass sie keine davon bekommen konnte, magerte sie ab, sah blass und elend aus. Da erschrak der Mann und fragte: »Was fehlt dir, liebe Frau?«

»Ach«, antwortete sie, »wenn ich keine Rapunzeln aus dem Garten hinter unserm Hause zu essen kriege, so sterbe ich.« Der Mann, der sie lieb hatte, dachte: »Eh du deine Frau sterben lässt, holst du ihr von den Rapunzeln, es mag kosten, was es will.«

In der Abenddämmerung stieg er also über die Mauer in den Garten der Zauberin, stach in aller Eile eine Handvoll Rapunzeln und brachte sie seiner Frau. Sie machte sich sogleich Salat daraus und aß ihn voller Begierde auf. Sie hatten ihr aber so gut geschmeckt, dass sie am nächsten Tag gleich dreimal so viel Lust bekam. Wenn sie Ruhe haben wollte, so musste der Mann noch einmal in den Garten steigen. Er machte sich also in der Abenddämmerung wieder hinab.

Als er aber die Mauer herabgeklettert war, erschrak er gewaltig, denn er sah die Zauberin vor sich stehen. »Wie kannst du es wagen«, sprach sie mit zornigem Blick, »in meinen Garten zu steigen und wie ein Dieb mir meine Rapunzeln zu stehlen? Das soll dir schlecht bekommen!«

»Ach«, antwortete er, »lasst Gnade vor Recht walten, ich habe mich nur aus Not dazu entschlossen. Meine Frau hat Eure Rapunzeln aus dem Fenster erblickt und empfindet ein so großes Gelüsten, dass sie sterben würde, wenn sie nicht davon zu essen bekommt.« Da ließ der Zorn der Zauberin nach und sie sprach zu ihm: »Verhält es sich so, wie du sagst, so will ich dir gestatten, Rapunzeln mitzunehmen, so viele du willst; aber ich mache eine Bedingung: Du musst mir das Kind geben, das deine Frau zur Welt bringen wird. Es soll ihm gut gehen, und ich will für es sorgen wie eine Mutter.«

Der Mann sagte in der Angst alles zu, und als die Frau in Wochen kam, so erschien sogleich die Zauberin, gab dem Kinde den Namen Rapunzel und nahm es mit sich fort.

Rapunzel wurde das schönste Kind unter der Sonne. Als es zwölf Jahre alt war, schloss es die Zauberin in einen Turm, der in einem Wald lag und weder Treppe noch Türe hatte; nur ganz oben war ein kleines Fensterchen. Wenn die Zauberin hineinwollte, so stellte sie sich unten hin und rief:
»Rapunzel, Rapunzel,
lass mir dein Haar herunter!«

Rapunzel hatte lange, prächtige Haare, fein wie gesponnenes Gold. Wenn sie nun die Stimme der Zauberin vernahm, so band sie ihre Zöpfe los, wickelte sie oben um einen Fensterhaken, und dann fielen die Haare zwanzig Ellen tief herunter, und die Zauberin stieg daran hinauf.

Nach ein paar Jahren trug es sich zu, dass der Sohn des Königs durch den Wald ritt und an dem Turm vorüberkam. Da hörte er einen Gesang, der war so lieblich, dass er stehen blieb und horchte. Das war Rapunzel, die in ihrer Einsamkeit sich die Zeit damit vertrieb, ihre süße Stimme erschallen zu lassen. Der Königssohn wollte zu ihr hinaufsteigen und suchte nach einer Türe des Turms, aber es war keine zu finden. Er ritt heim. Doch der Gesang hatte ihm so sehr das Herz gerührt, dass er jeden Tag hinaus in den Wald ging und zuhörte. Als er einmal so hinter einem Baum stand, sah er, dass eine Zauberin herankam, und hörte, wie sie hinaufrief:

»Rapunzel, Rapunzel,
lass dein Haar herunter!«

Da ließ Rapunzel die Haarflechten herab, und die Zauberin stieg zu ihr hinauf.

»Ist das die Leiter, auf welcher man hinaufkommt, so will ich auch einmal mein Glück versuchen.« Und am folgenden Tag, als es anfing, dunkel zu werden, ging er zu dem Turm und rief:

»Rapunzel, Rapunzel,
lass dein Haar herunter!«

Sogleich fielen die Haare herab, und der Königssohn stieg hinauf. Anfangs erschrak Rapunzel gewaltig, als ein Mann zu ihr hereinkam, wie ihre Augen noch nie einen erblickt hatten. Doch der Königssohn fing an, ganz freundlich mit ihr zu reden, und erzählte ihr, dass von ihrem Gesang sein Herz so sehr bewegt worden sei, dass es ihm keine Ruhe gelassen und er sie selbst habe sehen müssen. Da verlor Rapunzel ihre Angst, und als er sie fragte, ob sie ihn zum Manne nehmen wollte, und sie sah, dass er jung und schön war, so dachte sie: »Der wird mich lieber haben als die alte Frau Gothel«, und sagte Ja, und legte ihre Hand in seine Hand. Sie sprach: »Ich will gerne mit dir gehen, aber ich weiß nicht, wie ich herabkommen kann. Wenn du kommst, so bring jedes Mal einen Strang Seide mit, daraus will ich eine Leiter flechten, und wenn diese fertig ist, so steige ich herunter, und du nimmst mich auf dein Pferd.« Sie verabredeten, dass er bis dahin alle Abende zu ihr kommen sollte, denn bei Tag kam die Alte.

Die Zauberin merkte auch nichts davon, bis einmal Rapunzel anfing und zu ihr sagte: »Sag sie mir doch, Frau Gothel, wie kommt das nur, sie wird mir viel schwerer heraufzuziehen als der junge Königssohn, der in einem Augenblick bei mir ist?«
»Ach, du gottloses Kind!«, rief die Zauberin. »Was muss ich von dir hören; ich dachte, ich hätte dich von aller Welt geschieden, und du hast mich doch betrogen!«
In ihrem Zorn packte sie die schönen Haare der Rapunzel, schlug sie ein paarmal um ihre linke Hand, griff eine Schere mit der rechten, und ritsch, ratsch waren sie abgeschnitten, und die schönen Flechten lagen auf der Erde. Und sie war so unbarmherzig, dass sie die arme Rapunzel in eine Wüste brachte, wo sie in großem Jammer und Elend leben musste.

Am selben Tag aber, an dem sie Rapunzel verstoßen hatte, machte abends die Zauberin die abgeschnittenen Flechten oben am Fensterhaken fest, und als der Königssohn kam und rief:
»Rapunzel, Rapunzel,
lass dein Haar herunter!«,
so ließ sie die Haare hinab. Der Königssohn stieg hinauf, aber er fand oben nicht seine liebste Rapunzel, sondern die Zauberin, die ihn mit bösen und giftigen Blicken ansah.
»Aha!«, rief sie höhnisch. »Du willst die Frau Liebste holen, aber der schöne Vogel sitzt nicht mehr im Nest und singt nicht mehr, die Katze hat ihn geholt und wird dir auch noch die Augen auskratzen. Für dich ist Rapunzel verloren, du wirst sie nie wieder erblicken!«
Der Königssohn geriet außer sich vor Schmerz, und in der Verzweiflung sprang er den Turm herab. Er kam mit dem Leben davon, aber die Dornen, in die er fiel, zerstachen ihm die Augen. So irrte er blind im Wald umher, aß nichts als Wurzeln und Beeren und tat nichts als jammern und weinen über den Verlust seiner liebsten Frau. So wanderte er einige Jahre im Elend umher und geriet endlich in die Wüste, wo Rapunzel mit den Zwillingen, die sie geboren hatte, einem Knaben und einem Mädchen, kümmerlich lebte.

Er vernahm eine Stimme, und sie kam ihm so bekannt vor. Da ging er darauf zu, und als er herankam, erkannte ihn Rapunzel und fiel ihm um den Hals und weinte. Zwei von ihren Tränen aber benetzten seine Augen, da wurden sie wieder klar, und er konnte damit sehen wie früher. Er führte sie in sein Reich, wo er mit Freude empfangen wurde, und sie lebten noch lange glücklich und vergnügt.

ASCHENPUTTEL

Einem reichen Manne, dem wurde seine Frau krank, und als sie fühlte, dass ihr Ende nahte, rief sie ihr einziges Töchterlein zu sich ans Bett und sprach: »Liebes Kind, bleib fromm und gut, dann wird dir der liebe Gott immer beistehen, und ich will vom Himmel auf dich herabblicken und will um dich sein.« Darauf tat sie die Augen zu und starb. Das Mädchen ging jeden Tag hinaus zu dem Grab der Mutter und weinte und blieb fromm und gut. Als der Winter kam, deckte der Schnee ein weißes Tüchlein auf das Grab, und als die Sonne im Frühjahr es wieder herabgezogen hatte, nahm sich der Mann eine andere Frau.

Die Frau hatte zwei Töchter mit ins Haus gebracht, die schön und weiß von Angesicht waren, aber garstig und schwarz von Herzen. Da fing eine schlimme Zeit für das arme Stiefkind an.

»Soll die dumme Gans bei uns in der Stube sitzen!«, sprachen sie. »Wer Brot essen will, muss es verdienen: Hinaus mit der Küchenmagd!«

Sie nahmen ihm seine schönen Kleider weg, zogen ihm einen grauen alten Kittel an und gaben ihm hölzerne Schuhe. »Seht einmal die stolze Prinzessin, wie sie geputzt ist!«, riefen sie, lachten und führten es in die Küche. Da musste es von Morgen bis Abend schwere Arbeit tun, früh vor Sonnenaufgang aufstehen, Wasser tragen, Feuer anmachen, kochen und waschen. Obendrein taten ihm die Schwestern alles erdenkliche Herzeleid an, verspotteten es und schütteten ihm die Erbsen und Linsen in die Asche, sodass es sitzen und sie wieder herauslesen musste.

Abends, wenn es sich müde gearbeitet hatte, kam es in kein Bett, sondern musste sich neben den Herd in die Asche legen. Und weil es darum immer staubig und schmutzig aussah, nannten sie es Aschenputtel. Es trug sich zu, dass der Vater einmal zum großen Markt fahren wollte, da fragte er die beiden Stieftöchter, was er ihnen mitbringen sollte. »Schöne Kleider«, sagte die eine, »Perlen und Edelsteine« die zweite.
»Aber du, Aschenputtel«, sprach er, »was willst du haben?«
»Vater, das erste Haselreis, das Euch auf Eurem Heimweg an den Hut stößt, das brecht für mich ab.« Er kaufte nun für die beiden Stiefschwestern schöne Kleider, Perlen und Edelsteine, und auf dem Rückweg, als er durch einen grünen Busch ritt, streifte ihn ein Haselreis und stieß ihm den Hut ab. Da brach er das Reis ab und nahm es mit.

Als er nach Haus kam, gab er den Stieftöchtern, was sie sich gewünscht hatten, und dem Aschenputtel gab er das Reis von dem Haselbusch. Aschenputtel dankte ihm, ging zu seiner Mutter Grab und pflanzte das Reis darauf und weinte so sehr, dass die Tränen darauf niederfielen und es begossen. Es wuchs und wurde ein schöner Baum. Aschenputtel ging jeden Tag dreimal dorthin, weinte und betete, und allemal kam ein weißes Vöglein auf den Baum, und wenn es einen Wunsch aussprach, so warf ihm das Vöglein herab, was es sich gewünscht hatte.

Es begab sich, dass der König ein Fest veranstaltete, das drei Tage dauern sollte und wozu alle schönen Jungfrauen im Lande eingeladen wurden, damit sich sein Sohn eine Braut aussuchen möchte. Die zwei Stiefschwestern, als sie hörten, dass sie auch dabei erscheinen sollten, waren guter Dinge, riefen Aschenputtel und sprachen: »Kämm uns die Haare, bürste uns die Schuhe und mach uns die Schnallen fest, wir gehen zur Hochzeit auf des Königs Schloss.«

Aschenputtel gehorchte, weinte aber, weil es auch gern zum Tanz mitgegangen wäre, und bat die Stiefmutter, sie möge es ihm erlauben. »Du, Aschenputtel«, sprach sie, »bist voll Staub und Schmutz und willst zur Hochzeit? Du hast keine Kleider und Schuhe und willst tanzen!«

Als es aber mit Bitten anhielt, sprach sie endlich: »Da habe ich dir eine Schüssel Linsen in die Asche geschüttet, wenn du die Linsen in zwei Stunden wieder ausgelesen hast, so sollst du mitgehen.«

Das Mädchen ging durch die Hintertüre in den Garten und rief: »Ihr zahmen Täubchen, ihr Turteltäubchen, all ihr Vöglein unter dem Himmel, kommt und helft mir lesen,
die guten ins Töpfchen,
die schlechten ins Kröpfchen.«
Da kamen zum Küchenfenster zwei weiße Täubchen herein und danach die Turteltäubchen, und endlich schwirrten und schwärmten alle Vöglein unter dem Himmel herein und ließen sich um die Asche nieder. Und die Täubchen nickten mit den Köpfchen und fingen an: pick, pick, pick, pick, und da fingen die Übrigen auch an: pick, pick, pick, pick, und lasen alle guten Körnlein in die Schüssel. Kaum war eine Stunde herum, so waren sie schon fertig und flogen alle wieder hinaus.

Da brachte das Mädchen die Schüssel der Stiefmutter, freute sich und glaubte, es dürfte nun mit auf die Hochzeit gehen. Aber sie sprach: »Nein, Aschenputtel, du hast keine Kleider und kannst nicht tanzen; du wirst nur ausgelacht.«
Als es nun weinte, sprach sie: »Wenn du mir zwei Schüsseln voll Linsen in einer Stunde aus der Asche rein lesen kannst, so sollst du mitgehen«, und dachte: »Das kann es ja niemals.«
Als sie die zwei Schüsseln Linsen in die Asche geschüttet hatte, ging das Mädchen durch die Hintertüre in den Garten und rief: »Ihr zahmen Täubchen, ihr Turteltäubchen, all ihr Vöglein unter dem Himmel, kommt und helft mir lesen,
die guten ins Töpfchen,
die schlechten ins Kröpfchen.«

Da kamen zum Küchenfenster zwei weiße Täubchen herein und danach die Turteltäubchen, und endlich schwirrten und schwärmten alle Vöglein unter dem Himmel herein und ließen sich um die Asche nieder. Und die Täubchen nickten mit ihren Köpfchen und fingen an: pick, pick, pick, pick, und da fingen die Übrigen auch an: pick, pick, pick, pick, und lasen alle guten Körner in die Schüsseln. Und eh eine halbe Stunde herum war, waren sie schon fertig und flogen alle wieder hinaus.

TYR ODYN
MOEL HEBOG

Da trug das Mädchen die Schüsseln zu der Stiefmutter, freute sich und glaubte, nun dürfte es mit auf die Hochzeit gehen. Aber sie sprach: »Es hilft dir alles nichts; du kommst nicht mit, denn du hast keine Kleider und kannst nicht tanzen; wir müssten uns für dich schämen.« Darauf kehrte sie ihm den Rücken zu und eilte mit ihren zwei stolzen Töchtern fort.
Als nun niemand mehr daheim war, ging Aschenputtel zum Grab seiner Mutter unter dem Haselbaum und sprach:
»Bäumchen, rüttel dich und schüttel dich,
wirf Gold und Silber über mich.«
Da warf ihm der Vogel ein goldenes und silbernes Kleid herunter und mit Seide und Silber ausgestickte Pantoffeln. In aller Eile zog es das Kleid an und ging zur Hochzeit.

Seine Schwestern aber und die Stiefmutter erkannten es nicht und meinten, es müsste eine fremde Königstochter sein, so schön sah es in dem goldenen Kleid aus. An Aschenputtel dachten sie gar nicht und glaubten, es säße daheim im Schmutz und suchte die Linsen aus der Asche. Der Königssohn kam ihm entgegen, nahm es bei der Hand und tanzte mit ihm. Er wollte mit sonst niemandem tanzen, sodass er ihm die Hand nicht losließ, und wenn ein anderer kam, es aufzufordern, sprach er: »Das ist meine Tänzerin.« Es tanzte, bis es Abend war, da wollte es nach Hause gehen. Der Königssohn aber sprach: »Ich gehe mit und begleite dich«, denn er wollte sehen, wem das schöne Mädchen angehörte. Sie entwischte ihm aber und sprang in das Taubenhaus. Nun wartete der Königssohn, bis der Vater kam, und sagte ihm, das fremde Mädchen wär' in das Taubenhaus gesprungen. Der Alte dachte: »Sollte es Aschenputtel sein?«, und sie mussten ihm Axt und Hacken bringen, damit er das Taubenhaus entzweischlagen konnte; aber es war niemand darin. Und als sie ins Haus kamen, lag Aschenputtel in seinen schmutzigen Kleidern in der Asche, und ein trübes Öllämpchen brannte im Schornstein; denn Aschenputtel war geschwind aus dem Taubenhaus hinten herabgesprungen und war zu dem Haselbäumchen gelaufen; da hatte es die schönen Kleider abgezogen und aufs Grab gelegt, und der Vogel hatte sie wieder weggenommen, und dann hatte es sich in seinem grauen Kittelchen in die Küche zur Asche gesetzt.

Am andern Tag, als das Fest von Neuem anfing und die Eltern und Stiefschwestern wieder fort waren, ging Aschenputtel zu dem Haselbaum und sprach:

»Bäumchen, rüttel dich und schüttel dich,
wirf Gold und Silber über mich.«

Da warf der Vogel ein noch viel edleres Kleid herab als am vorigen Tag. Und als es mit diesem Kleide auf der Hochzeit erschien, erstaunten alle über seine Schönheit. Der Königssohn aber hatte gewartet, bis es kam, nahm es gleich bei der Hand und tanzte nur allein mit ihm. Wenn die andern kamen und es aufforderten, sprach er: »Das ist meine Tänzerin.«

Als es nun Abend war, wollte es fort, und der Königssohn ging ihm nach und wollte sehen, in welches Haus es ging; aber es sprang ihm fort und in den Garten hinter dem Haus. Darin stand ein schöner großer Baum, an dem die herrlichsten Birnen hingen. Es kletterte so geschickt wie ein Eichhörnchen zwischen die Äste, und der Königssohn wusste nicht, wo es hingegangen war. Er wartete aber, bis der Vater kam, und sprach zu ihm: »Das fremde Mädchen ist mir entwischt, und ich glaube, es ist auf den Birnbaum gesprungen.« Der Vater dachte: »Sollte es Aschenputtel sein?«, ließ sich die Axt holen und fällte den Baum, aber es war niemand darauf. Und als sie in die Küche kamen, lag Aschenputtel da in der Asche, wie sonst auch, denn es war auf der andern Seite vom Baum herabgesprungen, hatte dem Vogel auf dem Haselbäumchen die schönen Kleider wiedergebracht und sein graues Kittelchen angezogen.

Am dritten Tag, als die Eltern und Schwestern fort waren, ging Aschenputtel wieder zum Grab seiner Mutter und sprach zu dem Bäumchen:

»Bäumchen, rüttel dich und schüttel dich,
wirf Gold und Silber über mich.«

Nun warf ihm der Vogel ein Kleid herab, das war so prächtig, wie es noch keins gehabt hatte, und die Pantoffeln waren ganz golden.

Als es in dem Kleid zu der Hochzeit kam, wussten sie alle nicht, was sie vor Verwunderung sagen sollten. Der Königssohn tanzte ganz allein mit ihm, und wenn es einer aufforderte, sprach er: »Das ist meine Tänzerin.«
Als es nun Abend war, wollte Aschenputtel fort, und der Königssohn wollte es begleiten, aber es entsprang ihm so geschwind, dass er nicht folgen konnte. Der Königssohn hatte aber eine List gebraucht und die ganze Treppe mit Pech

bestreichen lassen; da war, als es hinabsprang, der linke Pantoffel des Mädchens hängen geblieben. Der Königssohn hob ihn auf, und er war klein und zierlich und ganz golden. Am nächsten Morgen ging er damit zu dem Mann und sagte zu ihm: »Keine andere soll meine Gemahlin werden als die, an deren Fuß dieser goldene Schuh passt.« Da freuten sich die beiden Schwestern, denn sie hatten schöne Füße.

Die Älteste ging mit dem Schuh in die Kammer und wollte ihn anprobieren, und die Mutter stand dabei. Aber sie konnte mit der großen Zehe nicht hineinkommen, und der Schuh war ihr zu klein. Da reichte ihr die Mutter ein Messer und sprach: »Hau die Zehe ab: Wenn du Königin bist, so brauchst du nicht mehr zu Fuß zu gehen.« Das Mädchen schnitt die Zehe ab, zwängte den Fuß in den Schuh, verbiss sich den Schmerz und ging heraus zum Königssohn. Da nahm er sie als seine Braut aufs Pferd und ritt mit ihr fort. Sie mussten aber an dem Grab vorbei, da saßen die zwei Täubchen auf dem Haselbäumchen und riefen:

»Rucke di guck, rucke di guck,
Blut ist im Schuck;
der Schuck ist zu klein,
die rechte Braut sitzt noch daheim!«

Da blickte er auf ihren Fuß und sah, wie das Blut herausquoll. Er wendete sein Pferd, brachte die falsche Braut wieder nach Hause und sagte, das wäre nicht die rechte, die andere Schwester sollte den Schuh anziehen. Da ging diese in die Kammer und kam mit den Zehen glücklich in den Schuh, aber die Ferse war zu groß. Da reichte ihr die Mutter ein Messer und sprach: »Hau ein Stück von der Ferse ab: Wenn du Königin bist, brauchst du nicht mehr zu Fuß zu gehen.« Das Mädchen schnitt ein Stück von der Ferse ab, zwängte den Fuß in den Schuh, verbiss sich den Schmerz und ging heraus zum Königssohn. Da nahm er sie als seine Braut aufs Pferd und ritt mit ihr fort. Als sie an dem Haselbäumchen vorbeikamen, saßen die zwei Täubchen darauf und riefen:

»Rucke di guck, rucke di guck,
Blut ist im Schuck;
der Schuck ist zu klein,
die rechte Braut sitzt noch daheim!«

Er blickte nieder auf ihren Fuß und sah, wie das Blut aus dem Schuh quoll und an den weißen Strümpfen ganz rot heraufgestiegen war. Da wendete er sein Pferd und brachte die falsche Braut wieder nach Hause.

»Das ist auch nicht die rechte«, sprach er, »habt Ihr keine andere Tochter?«

»Nein«, sagte der Mann, »nur von meiner verstorbenen Frau ist noch ein kleines, unscheinbares Aschenputtel da; das kann unmöglich die Braut sein.«

Der Königssohn sprach, er solle es heraufschicken, die Mutter aber antwortete: »Ach nein, das ist viel zu schmutzig, das darf sich nicht sehen lassen.«

Er wollte es aber durchaus haben, und Aschenputtel musste gerufen werden. Da wusch es sich erst Hände und Angesicht rein, ging dann hin und verneigte sich vor dem Königssohn, der ihm den goldenen Schuh reichte. Dann setzte es sich auf einen Schemel, zog den Fuß aus dem schweren Holzschuh und steckte ihn in den Pantoffel, der saß wie angegossen. Und als es sich aufrichtete und der König ihm ins Gesicht sah, so erkannte er das schöne Mädchen, das mit ihm getanzt hatte, und rief: »Das ist die rechte Braut!« Die Stiefmutter und die beiden Schwestern erschraken und wurden bleich vor Ärger; er aber nahm Aschenputtel aufs Pferd und ritt mit ihm fort. Als sie an dem Haselbäumchen vorbeikamen, riefen die zwei weißen Täubchen:

»Rucke di guck, rucke di guck,
kein Blut im Schuck;
der Schuck ist nicht zu klein,
die rechte Braut, die führt er heim!«

Und als sie das gerufen hatten, kamen sie beide herabgeflogen und setzten sich dem Aschenputtel auf die Schultern, eine rechts, die andere links, und blieben da sitzen.

Und so ritt der Prinz mit seiner rechten Braut vergnügt heim, und sie lebten glücklich zusammen bis an ihr Ende.

SCHNEEWITTCHEN

Es war einmal mitten im Winter, und die Schneeflocken fielen wie Federn vom Himmel herab. Da saß eine Königin an einem Fenster, das einen Rahmen von schwarzem Ebenholz hatte, und nähte. Und wie sie so nähte und zu dem Schnee aufblickte, stach sie sich mit der Nadel in den Finger, und es fielen drei Tropfen Blut in den Schnee. Und weil das Rote im weißen Schnee so schön aussah, dachte sie bei sich: »Hätte ich doch ein Kind so weiß wie Schnee, so rot wie Blut und so schwarz wie das Holz an dem Rahmen.« Bald darauf bekam sie ein Töchterlein, das war so weiß wie Schnee, so rot wie Blut und so schwarzhaarig wie Ebenholz und wurde darum das Schneewittchen genannt. Und als das Kind geboren war, starb die Königin.

Nach einem Jahr nahm sich der König eine andere Frau. Sie war schön, aber stolz und hochmütig und konnte nicht leiden, dass sie an Schönheit von jemand übertroffen werden sollte. Sie hatte einen wunderbaren Spiegel; wenn sie vor diesen trat und sich darin beschaute, sprach sie:
»Spieglein, Spieglein an der Wand,
wer ist die Schönste im ganzen Land?«
So antwortete der Spiegel: »Frau Königin, Ihr seid die Schönste im Land.«
Da war sie zufrieden, denn sie wusste, dass der Spiegel die Wahrheit sagte. Schneewittchen aber wuchs heran und wurde immer schöner, und als es sieben Jahre alt war, war es so schön wie der klare Tag und schöner als die Königin selbst.

Als diese einmal ihren Spiegel fragte:
»Spieglein, Spieglein an der Wand,
wer ist die Schönste im ganzen Land?«,
so antwortete er:
»Frau Königin, Ihr seid die Schönste hier,
aber Schneewittchen ist tausendmal schöner
als Ihr.«

Da erschrak die Königin und wurde gelb und grün vor Neid. Von dieser Stunde an, wenn sie Schneewittchen erblickte, kehrte sich ihr das Herz im Leibe herum, so hasste sie das Mädchen. Und der Neid und Hochmut wuchsen wie ein Unkraut in ihrem Herzen immer höher, dass sie Tag und Nacht keine Ruhe mehr hatte. Da rief sie einen Jäger und sprach: »Bring das Kind hinaus in den Wald, ich will's nicht mehr vor meinen Augen sehen. Du sollst es töten und mir Lunge und Leber zum Beweis mitbringen.« Der Jäger gehorchte und führte es hinaus, und als er den Hirschfänger gezogen hatte und Schneewittchens unschuldiges Herz durchbohren wollte, fing es an zu weinen und sprach: »Ach, lieber Jäger, lass mir mein Leben! Ich will in den wilden Wald laufen und nimmermehr wieder heimkommen.« Und weil es so schön war, hatte der Jäger Mitleid und sprach: »So lauf hin, du armes Kind!«

»Die wilden Tiere werden dich bald gefressen haben«, dachte er, und doch war's ihm, als wäre ein Stein von seinem Herzen gewälzt, weil er es nicht zu töten brauchte. Und als gerade ein junger Frischling dahergesprungen kam, erstach er ihn, nahm Lunge und Leber heraus und brachte sie als Wahrzeichen der Königin mit. Der Koch musste sie in Salz kochen, und das boshafte Weib aß sie auf und meinte, sie hätte Schneewittchens Lunge und Leber gegessen.

Nun war das arme Kind in dem großen Wald mutterseelenallein, und es hatte solche Angst, dass es alle Blätter an den Bäumen ansah und nicht wusste, wie es sich helfen sollte. Da fing es an zu laufen und lief über die spitzen Steine und durch die Dornen, und die wilden Tiere sprangen an ihm vorbei, aber sie taten ihm nichts. Es lief, solange nur die Füße noch weiterkonnten, bis es bald Abend werden wollte. Da sah es ein kleines Häuschen und ging hinein, um sich auszuruhen.

In dem Häuschen war alles klein, aber so zierlich und reinlich, wie es nicht zu sagen ist. Da stand ein weiß gedecktes Tischlein mit sieben kleinen Tellern, jedes Tellerlein mit seinem Löffelein, ferner sieben Messerlein und Gäbelein und sieben Becherlein. An der Wand waren sieben Bettlein nebeneinander aufgestellt und schneeweiße Laken darüber gedeckt.

Schneewittchen, weil es so hungrig und durstig war, aß von jedem Tellerlein ein wenig Gemüse und Brot und trank aus jedem Becherlein einen Tropfen Wein; denn es wollte nicht einem allein alles wegnehmen. Danach, weil es so müde war, legte es sich in ein Bettchen, aber keins passte; das eine war zu lang, das andere zu kurz, bis endlich das siebente recht war; und darin blieb es liegen, sprach ein Gebet und schlief ein.

Als es ganz dunkel geworden war, kamen die Herren von dem Häuslein; das waren die sieben Zwerge, die in den Bergen nach Erz hackten und gruben. Sie zündeten ihre sieben Lichtlein an, und als es nun hell im Häuslein wurde, sahen sie, dass jemand darin gewesen war, denn es stand nicht alles so in der Ordnung, wie sie es verlassen hatten.

Der Erste sprach: »Wer hat auf meinem Stühlchen gesessen?«
Der Zweite: »Wer hat von meinem Tellerchen gegessen?«
Der Dritte: »Wer hat von meinem Brötchen genommen?«
Der Vierte: »Wer hat von meinem Gemüschen gegessen?«
Der Fünfte: »Wer hat mit meinem Gäbelchen gestochen?«
Der Sechste: »Wer hat mit meinem Messerchen geschnitten?«
Der Siebente: »Wer hat aus meinem Becherlein getrunken?«
Dann sah sich der Erste um und sah, dass auf seinem Bett eine kleine Delle war, da sprach er: »Wer hat in mein Bettchen getreten?«
Die anderen kamen gelaufen und riefen: »In meinem hat auch jemand gelegen!«
Der Siebente aber, als er in sein Bett sah, erblickte Schneewittchen, das lag darin und schlief. Nun rief er die anderen, die kamen herbeigelaufen und schrien vor Verwunderung, holten ihre sieben Lichtlein und beleuchteten Schneewittchen.
»Ei, du mein Gott! Ei, du mein Gott!«, riefen sie. »Was ist das Kind so schön!«
Und hatten so große Freude, dass sie es nicht aufweckten, sondern im Bettlein weiterschlafen ließen. Der siebente Zwerg aber schlief bei seinen Gesellen, bei jedem eine Stunde, da war die Nacht herum.

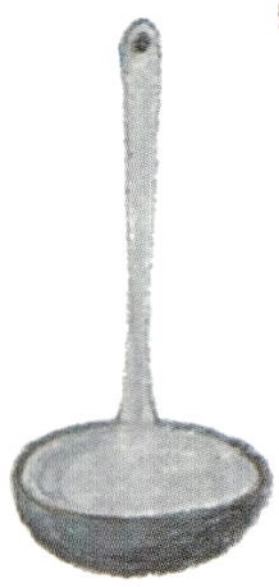

Als es Morgen war, erwachte Schneewittchen, und wie es die sieben Zwerge sah, erschrak es. Sie waren aber freundlich und fragten:
»Wie heißt du?«
»Ich heiße Schneewittchen«, antwortete es.
»Wie bist du in unser Haus gekommen?«, sprachen weiter die Zwerge. Da erzählte es ihnen, dass seine Stiefmutter es hätte umbringen lassen wollen, der Jäger hätte ihm aber das Leben geschenkt, und da wär' es gelaufen den ganzen Tag, bis es endlich ihr Häuslein gefunden hätte.
Die Zwerge sprachen: »Willst du unseren Haushalt erledigen, kochen, Betten machen, waschen, nähen und stricken, und willst du alles ordentlich und reinlich halten, so kannst du bei uns bleiben, und es soll dir an nichts fehlen.«
»Ja«, sagte Schneewittchen, »von Herzen gern!«, und blieb bei ihnen. Es hielt ihnen das Haus in Ordnung. Morgens gingen sie in die Berge und suchten Erz und Gold, abends kamen sie wieder, und da musste ihr Essen bereit sein. Den Tag über war das Mädchen allein; da warnten es die guten Zwerglein und sprachen: »Hüte dich vor deiner Stiefmutter, die wird bald wissen, dass du hier bist; lass ja niemand herein!«

Die Königin aber, nachdem sie Schneewittchens Lunge und Leber glaubte gegessen zu haben, dachte nicht anders, als wäre sie wieder die Erste und Allerschönste, trat vor ihren Spiegel und sprach:

»Spieglein, Spieglein an der Wand,
wer ist die Schönste im ganzen Land?«

Da antwortete der Spiegel:

»Frau Königin, Ihr seid die Schönste hier,
aber Schneewittchen über den Bergen
bei den sieben Zwergen
ist noch tausendmal schöner als Ihr.«

Da erschrak sie, denn sie wusste, dass der Spiegel keine Unwahrheit sprach, und merkte, dass der Jäger sie betrogen hatte und Schneewittchen noch am Leben war. Und da überlegte und überlegte sie wieder, wie sie es umbringen wollte; denn solange sie nicht die Schönste war im ganzen Land, ließ ihr der Neid keine Ruhe. Und als sie sich endlich etwas ausgedacht hatte, färbte sie sich das Gesicht und kleidete sich wie eine alte Krämerin und war gar nicht zu erkennen. In dieser Gestalt ging sie über die sieben Berge zu den sieben Zwergen, klopfte an die Türe und rief: »Schöne Ware zu verkaufen! Zu verkaufen!«

Schneewittchen guckte zum Fenster hinaus und rief: »Guten Tag, liebe Frau! Was habt Ihr zu verkaufen?«

»Gute Ware«, antwortete sie, »Schnürriemen in allen Farben«, und holte einen hervor, der aus bunter Seide geflochten war.

»Die ehrliche Frau kann ich hereinlassen«, dachte Schneewittchen, riegelte die Türe auf und kaufte den hübschen Schnürriemen.

»Kind«, sprach die Alte, »wie du aussiehst! Komm, ich will dich einmal ordentlich schnüren.«

Schneewittchen hatte keine Angst, stellte sich vor sie und ließ sich mit dem neuen Schnürriemen schnüren. Aber die Alte schnürte geschwind und schnürte so fest, dass dem Schneewittchen der Atem verging und es wie tot hinfiel. »Nun bist du die Schönste gewesen«, sprach sie und eilte hinaus.

Nicht lange darauf, zur Abendzeit, kamen die sieben Zwerge nach Hause; aber wie erschraken sie, als sie ihr liebes Schneewittchen auf der Erde liegen sahen, und es regte und bewegte sich nicht, als wäre es tot. Sie hoben es in die Höhe, und weil sie sahen, dass es zu fest geschnürt war, schnitten sie den Schnürriemen entzwei; da fing es an, ein wenig zu atmen und wurde nach und nach wieder lebendig. Als die Zwerge hörten, was geschehen war, sprachen sie: »Die alte Krämerfrau war niemand anderes als die gottlose Königin. Hüte dich und lass keinen Menschen herein, wenn wir nicht bei dir sind!«
Das böse Weib aber, als es nach Haus gekommen war, ging vor den Spiegel und fragte:
»Spieglein, Spieglein an der Wand,
wer ist die Schönste im ganzen Land?«
Da antwortete er wie sonst:
»Frau Königin, Ihr seid die Schönste hier,
aber Schneewittchen über den Bergen
bei den sieben Zwergen
ist noch tausendmal schöner als Ihr.«
Als sie das hörte, lief ihr alles Blut zum Herzen, so erschrak sie, denn sie sah wohl, dass Schneewittchen wieder lebendig geworden war.

»Nun aber«, sprach sie, »will ich mir etwas ausdenken, das dich zugrunde richten soll«; und mit Hexenkünsten, auf die sie sich verstand, machte sie einen giftigen Kamm. Dann verkleidete sie sich und nahm die Gestalt eines anderen alten Weibes an. So ging sie hin über die sieben Berge zu den sieben Zwergen, klopfte an die Türe und rief:
»Gute Ware zu verkaufen! Zu verkaufen!«
Schneewittchen schaute heraus und sprach:
»Geht nur weiter, ich darf niemand hereinlassen!«
»Das Ansehen wird dir doch erlaubt sein«, sprach die Alte, zog den giftigen Kamm heraus und hielt ihn in die Höhe. Da gefiel er dem Kind so gut, dass es sich betören ließ und die Türe öffnete. Als sie sich über den Kauf einig waren, sprach die Alte:
»Nun will ich dich einmal ordentlich kämmen.«
Das arme Schneewittchen ahnte nichts, ließ die Alte gewähren, aber kaum hatte sie den Kamm in die Haare gesteckt, als das Gift darin wirkte und das Mädchen ohne Besinnung niederfiel. »Du Ausbund von Schönheit«, sprach das boshafte Weib, »jetzt ist's um dich geschehen«, und ging fort.

Zum Glück aber war es bald Abend und die sieben Zwerglein kamen nach Haus. Als sie Schneewittchen wie tot auf der Erde liegen sahen, hatten sie gleich die Stiefmutter in Verdacht, suchten und fanden den giftigen Kamm. Und kaum hatten sie ihn herausgezogen, so kam Schneewittchen wieder zu sich und erzählte, was vorgegangen war. Da warnten sie es noch einmal, auf der Hut zu sein und niemand die Türe zu öffnen.
Die Königin stellte sich daheim vor den Spiegel und sprach:
»Spieglein, Spieglein an der Wand,
wer ist die Schönste im ganzen Land?«
Da antwortete er wie vorher:
»Frau Königin, Ihr seid die Schönste hier,
aber Schneewittchen über den Bergen
bei den sieben Zwergen
ist doch noch tausendmal schöner als Ihr.«
Als sie den Spiegel so reden hörte, zitterte und bebte sie vor Zorn. »Schneewittchen soll sterben!«, rief sie. »Und wenn es mein Leben kostet!« Darauf ging sie in eine ganz verborgene, einsame Kammer, wo niemand hinkam, und machte da einen giftigen, giftigen Apfel. Äußerlich sah er schön aus, weiß mit roten Backen, dass jeder, der ihn erblickte, Lust danach bekam, aber wer ein Stückchen davon aß, der musste sterben.

Als der Apfel fertig war, färbte sie sich das Gesicht und verkleidete sich als eine Bauersfrau, und so ging sie über die sieben Berge zu den sieben Zwergen. Sie klopfte an. Schneewittchen streckte den Kopf zum Fenster heraus und sprach: »Ich darf keinen Menschen einlassen, die sieben Zwerge haben mir's verboten!«

»Mir auch recht«, antwortete die Bäuerin, »meine Äpfel werde ich schon loswerden. Da, einen will ich dir schenken.«

»Nein«, sprach Schneewittchen, »ich darf nichts annehmen!«

»Fürchtest du dich vor Gift?«, sprach die Alte. »Siehst du, da schneide ich den Apfel in zwei Teile; den roten Backen iss du, den weißen will ich essen.«

Der Apfel war aber so künstlich gemacht, dass der rote Backen allein vergiftet war. Schneewittchen gelüstete es nach dem schönen Apfel, und als es sah, dass die Bäuerin davon aß, so konnte es nicht länger widerstehen, streckte die Hand hinaus und nahm die giftige Hälfte. Kaum aber hatte es einen Bissen davon im Mund, so fiel es tot zur Erde nieder. Da betrachtete es die Königin mit grausigen Blicken und lachte überlaut und sprach: »Weiß wie Schnee, rot wie Blut, schwarz wie Ebenholz! Diesmal können dich die Zwerge nicht wieder erwecken.«

Und als sie daheim den Spiegel befragte:
»Spieglein, Spieglein an der Wand,
wer ist die Schönste im ganzen Land?«,
so antwortete er endlich:
»Frau Königin, Ihr seid die Schönste im Land.«
Da hatte ihr neidisches Herz Ruhe, so gut ein neidisches Herz Ruhe haben kann.

Die Zwerglein, wie sie abends nach Haus kamen, fanden Schneewittchen auf der Erde liegen, und es ging kein Atem mehr aus seinem Mund, und es war tot. Sie hoben es auf und suchten, ob sie was Giftiges fänden, schnürten es auf, kämmten ihm die Haare, wuschen es mit Wasser und Wein, aber es half alles nichts; das liebe Kind war tot und blieb tot. Sie legten es auf eine Bahre und setzten sich alle sieben daran und beweinten es und weinten drei Tage lang. Da wollten sie es begraben, aber es sah noch so frisch aus wie ein lebender Mensch und hatte noch seine schönen, roten Backen. Sie sprachen: »Das können wir nicht in die schwarze Erde versenken«, und ließen einen durchsichtigen Sarg aus Glas machen, dass man es von allen Seiten sehen konnte, legten es hinein und schrieben mit goldenen Buchstaben seinen Namen darauf und dass es eine Königstochter wäre.

Dann setzten sie den Sarg hinaus auf den Berg, und einer von ihnen blieb immer dabei und bewachte ihn.

Und die Tiere kamen auch und beweinten Schneewittchen. Nun lag Schneewittchen lange, lange Zeit in dem Sarg und verweste nicht, sondern sah aus, als wenn es schliefe, denn es war noch so weiß wie Schnee, so rot wie Blut und so schwarzhaarig wie Ebenholz.

Es geschah aber, dass ein Königssohn in den Wald geriet und zu dem Zwergenhaus kam, um da zu übernachten. Er sah auf dem Berg den Sarg und das schöne Schneewittchen darin und las, was mit goldenen Buchstaben darauf geschrieben war. Da sprach er zu den Zwergen: »Lasst mir den Sarg, ich will euch geben, was ihr dafür haben wollt.«
Aber die Zwerge antworteten: »Wir geben ihn nicht um alles Gold in der Welt.«
Da sprach er: »So schenkt mir ihn, denn ich kann nicht leben, ohne Schneewittchen zu sehen, ich will es ehren und hochachten wie mein Liebstes.«
Wie er so sprach, empfanden die guten Zwerglein Mitleid mit ihm und gaben ihm den Sarg.
Der Königssohn ließ ihn nun von seinen Dienern auf den Schultern forttragen. Da geschah es, dass sie über einen Strauch stolperten, und von dem Schüttern fuhr der giftige Apfelschnitz, den Schneewittchen abgebissen hatte, aus dem Hals. Und nicht lange, so öffnete es die Augen, hob den Deckel vom Sarg in die Höhe und richtete sich auf und war wieder lebendig. »Ach Gott, wo bin ich?«, rief es.
Der Königssohn sagte voll Freude: »Du bist bei mir«, und erzählte, was sich zugetragen hatte, und sprach: »Ich habe dich lieber als alles auf der Welt; komm mit mir ins Schloss meines Vaters, du sollst meine Gemahlin werden.«
Da war ihm Schneewittchen wohlgesonnen und ging mit ihm, und ihre Hochzeit wurde mit großer Pracht und Herrlichkeit angeordnet.
Zu dem Fest wurde aber auch Schneewittchens gottlose Stiefmutter eingeladen. Wie sie sich nun schöne Kleider angezogen hatte, trat sie vor den Spiegel und sprach:

»Spieglein, Spieglein an der Wand,
wer ist die Schönste im ganzen Land?«
Der Spiegel antwortete:
»Frau Königin, Ihr seid die Schönste hier,
aber die junge Königin
ist noch tausendmal schöner als Ihr.«
Da stieß das böse Weib einen Fluch aus und wurde so zornig, dass sie sich nicht beherrschen konnte. Sie wollte zuerst gar nicht auf die Hochzeit kommen, doch ließ es ihr keine Ruhe, sie musste fort und die junge Königin sehen. Und als sie hineintrat, erkannte sie Schneewittchen, und vor Angst und Schrecken stand sie da und konnte sich nicht regen. Aber es waren schon eiserne Pantoffeln über Kohlenfeuer gestellt und wurden mit Zangen hereingetragen und vor sie hingestellt. Da musste sie in die rot glühenden Schuhe treten und so lange tanzen, bis sie tot zur Erde fiel.

DORNRÖSCHEN

Vor langer Zeit waren ein König und eine Königin, die sprachen jeden Tag: »Ach, wenn wir doch ein Kind hätten!«, und kriegten immer keins. Da trug es sich zu, als die Königin einmal im Bade saß, dass ein Frosch aus dem Wasser ans Land kroch und zu ihr sprach: »Dein Wunsch wird erfüllt werden, ehe ein Jahr vergeht, wirst du eine Tochter zur Welt bringen.« Was der Frosch gesagt hatte, das geschah, und die Königin gebar ein Mädchen, das war so schön, dass der König sich vor Freude nicht einkriegen konnte und ein großes Fest veranstaltete.

Er lud nicht bloß seine Verwandten, Freunde und Bekannten, sondern auch die weisen Frauen dazu ein, damit sie dem Kind hold und gewogen wären. Es waren ihrer dreizehn in seinem Reiche, weil er aber nur zwölf goldene Teller hatte, von welchen sie essen sollten, so musste eine von ihnen daheimbleiben.

Das Fest wurde mit aller Pracht gefeiert, und als es zu Ende war, beschenkten die weisen Frauen das Kind mit ihren Wundergaben: die eine mit Tugend, die andere mit Schönheit, die dritte mit Reichtum, und so mit allem, was auf der Welt zu wünschen ist.

Als elf ihre Sprüche eben getan hatten, trat plötzlich die dreizehnte herein. Sie wollte sich dafür rächen, dass sie nicht eingeladen war, und ohne jemand zu grüßen oder nur anzusehen, rief sie mit lauter Stimme: »Die Königstochter soll sich in ihrem fünfzehnten Jahr an einer Spindel stechen und tot hinfallen!« Und ohne ein Wort weiter zu sprechen, drehte sie sich um und verließ den Saal.

Alle waren erschrocken, da trat die zwölfte hervor, die ihren Wunsch noch übrig hatte, und weil sie den bösen Spruch nicht aufheben, sondern ihn nur mildern konnte, so sagte sie: »Es soll aber kein Tod sein, sondern ein hundertjähriger tiefer Schlaf, in welchen die Königstochter fällt.«

Der König, der sein liebes Kind vor dem Unglück gern bewahren wollte, ließ den Befehl ausgeben, dass alle Spindeln im ganzen Königreich verbrannt werden sollten.

An dem Mädchen aber wurden die Gaben der weisen Frauen sämtlich erfüllt, denn es war so schön, sittsam, freundlich und verständig, dass es jeder, der es ansah, lieb haben musste. Es geschah, dass an dem Tag, wo es gerade fünfzehn Jahre alt wurde, der König und die Königin nicht zu Haus waren und das Mädchen ganz allein im Schloss zurückblieb. Da ging es überall herum, besah Stuben und Kammern, wie es Lust hatte, und kam endlich auch an einen alten Turm.

Es stieg die enge Wendeltreppe hinauf und gelangte zu einer kleinen Türe.
In dem Schloss steckte ein verrosteter Schlüssel, und als es ihn umdrehte, sprang die Türe auf und da saß in einem kleinen Stübchen eine alte Frau mit einer Spindel und spann emsig ihren Flachs.
»Guten Tag, du altes Mütterchen«, sprach die Königstochter, »was machst du da?«
»Ich spinne«, sagte die Alte und nickte mit dem Kopf.

»Was ist das für ein Ding, das so lustig herumspringt?«, sprach das Mädchen, nahm die Spindel und wollte auch spinnen. Kaum hatte sie aber die Spindel angerührt, so ging der Zauberspruch in Erfüllung, und sie stach sich damit in den Finger. In dem Augenblick aber, wo sie den Stich empfand, fiel sie auf das Bett nieder, das da stand, und lag in einem tiefen Schlaf. Und dieser Schlaf verbreitete sich über das ganze Schloss: Der König und die Königin, die eben heimgekommen und in den Saal getreten waren, fingen an einzuschlafen, und der ganze Hofstaat mit ihnen.

Da schliefen auch die Pferde im Stall, die Hunde im Hofe, die Tauben auf dem Dache, die Fliegen an der Wand, ja, das Feuer, das auf dem Herd flackerte, wurde still und schlief ein, und der Braten hörte auf zu brutzeln, und der Koch, der den Küchenjungen, weil er etwas angestellt hatte, an den Haaren ziehen wollte, ließ ihn los und schlief. Und der Wind legte sich, und auf den Bäumen vor dem Schloss regte sich kein Blättchen mehr.

Rings um das Schloss aber begann eine Dornenhecke zu wachsen, die jedes Jahr höher wurde und endlich das ganze Schloss umzog und darüber hinauswuchs, dass gar nichts mehr davon zu sehen war, selbst nicht die Fahne auf dem Dach.

Es ging die Sage in dem Land von dem schönen schlafenden Dornröschen, denn so wurde die Königstochter genannt, sodass von Zeit zu Zeit Königssöhne kamen und durch die Hecke in das Schloss dringen wollten. Es war ihnen aber nicht möglich, denn die Dornen, als hätten sie Hände, hielten fest zusammen, und die Jünglinge blieben darin hängen, konnten sich nicht wieder losmachen und starben eines jämmerlichen Todes.

Nach langen, langen Jahren kam wieder einmal ein Königssohn in das Land und hörte, wie ein alter Mann von der Dornenhecke erzählte, es sollte ein Schloss dahinter stehen, in welchem eine wunderschöne Königstochter, Dornröschen genannt, schon seit hundert Jahren schliefe, und mit ihr schliefen der König und die Königin und der ganze Hofstaat.

Er wusste auch von seinem Großvater, dass schon viele Königssöhne gekommen wären und versucht hätten, durch die Dornenhecke zu dringen, aber sie wären darin hängen geblieben und eines traurigen Todes gestorben. Da sprach der Jüngling: »Ich fürchte mich nicht, ich will hinaus und das schöne Dornröschen sehen.« Der gute Alte mochte ihm abraten, wie er wollte, er hörte nicht auf seine Worte.

Nun waren aber gerade die hundert Jahre verflossen, und der Tag war gekommen, wo Dornröschen wieder erwachen sollte. Als der Königssohn sich der Dornenhecke näherte, waren es lauter große, schöne Blumen, die taten sich von selbst auseinander und ließen ihn unbeschädigt hindurch, und hinter ihm taten sie sich wieder als eine Hecke zusammen. Im Schlosshof sah er die Pferde und scheckigen Jagdhunde liegen und schlafen, auf dem Dache saßen die Tauben und hatten das Köpfchen unter den Flügel gesteckt.

Und als er ins Haus kam, schliefen die Fliegen an der Wand, der Koch in der Küche hielt noch die Hand, als wollte er den Jungen anpacken, und die Magd saß vor dem schwarzen Huhn, das gerupft werden sollte.

So ging er weiter und sah im Saal den ganzen Hofstaat liegen und schlafen, und oben bei dem Throne lagen der König und die Königin. Da ging er noch weiter, und alles war so still, dass man seinen Atem hören konnte, und endlich kam er zu dem Turm und öffnete die Türe zu der kleinen Stube, in welcher Dornröschen schlief.

Da lag es und war so schön, dass er die Augen nicht abwenden konnte, und er bückte sich und gab ihm einen Kuss. Wie er es mit dem Kuss berührt hatte, schlug Dornröschen die Augen auf, erwachte und blickte ihn ganz freundlich an.

Da gingen sie zusammen herab, und der König erwachte und die Königin und der ganze Hofstaat und sahen einander mit großen Augen an. Und die Pferde im Hof standen auf und schüttelten sich; die Jagdhunde sprangen und wedelten; die Tauben auf dem Dache zogen das Köpfchen unterm Flügel hervor, sahen umher und flogen ins Feld; die Fliegen an den Wänden krochen weiter; das Feuer in der Küche erhob sich, flackerte und kochte das Essen; der Braten fing wieder an zu brutzeln; und der Koch gab dem Jungen eine Ohrfeige, dass er schrie; und die Magd rupfte das Huhn fertig. Und da wurde die Hochzeit des Königssohns mit dem Dornröschen in aller Pracht gefeiert, und sie lebten vergnügt bis an ihr Ende.

SCHNEEWEISSCHEN UND ROSENROT

Eine arme Witwe, die lebte einsam in einem Hüttchen, und vor dem Hüttchen war ein Garten, darin standen zwei Rosenbäumchen, davon trug das eine weiße, das andere rote Rosen; und sie hatte zwei Kinder, die glichen den beiden Rosenbäumchen, und das eine hieß Schneeweißchen, das andere Rosenrot.
Sie waren aber so fromm und gut, so fleißig und fröhlich, als je zwei Kinder auf der Welt gewesen sind: Schneeweißchen war nur stiller und sanfter als Rosenrot. Rosenrot sprang lieber in den Wiesen und Feldern umher, suchte Blumen und fing Sommervögel; Schneeweißchen aber saß daheim bei der Mutter, half ihr im Haushalt oder las ihr vor, wenn nichts zu tun war. Die beiden Kinder hatten einander so lieb, dass sie sich immer an den Händen hielten, sooft sie zusammen ausgingen; und wenn Schneeweißchen sagte: »Wir wollen uns nicht verlassen«, so antwortete Rosenrot: »Solange wir leben nicht«, und die Mutter setzte hinzu: »Was das eine hat, soll's mit dem andern teilen.« Oft liefen sie im Walde allein umher und sammelten rote Beeren, aber kein Tier tat ihnen etwas zuleide, sondern sie kamen zutraulich herbei; das Häschen fraß ein Kohlblatt aus ihren Händen, das Reh graste an ihrer Seite, der Hirsch sprang ganz lustig vorbei, und die Vögel blieben auf den Ästen sitzen und sangen, was sie nur wussten. Kein Unfall traf sie: Wenn sie sich im Walde verspätet hatten und die Nacht sie überraschte, so legten sie sich nebeneinander auf das Moos und schliefen, bis der Morgen kam, und die Mutter wusste das und hatte ihretwegen keine Sorge. Einmal, als sie im Wald übernachtet hatten und das Morgenrot sie aufweckte, da sahen sie ein schönes Kind in einem weißen, glänzenden Kleidchen neben ihrem Lager sitzen. Es stand auf und blickte sie ganz freundlich an, sprach aber nichts und ging in den Wald hinein. Und als sie sich umsahen, so hatten sie ganz nahe bei einem Abgrund geschlafen und wären bestimmt hineingefallen, wenn sie in der Dunkelheit noch ein paar Schritte weitergegangen wären. Die Mutter aber sagte ihnen, das müsste der Engel gewesen sein, der gute Kinder bewache.

Schneeweißchen und Rosenrot hielten das Hüttchen der Mutter so reinlich, dass es eine Freude war hineinzuschauen. Im Sommer kümmerte sich Rosenrot um den Haushalt und stellte der Mutter jeden Morgen, ehe sie aufwachte, einen Blumenstrauß vors Bett, darin war von jedem Bäumchen eine Rose. Im Winter zündete Schneeweißchen das Feuer an und hängte den Kessel an den Feuerhaken, und der Kessel war aus Messing, glänzte aber wie Gold, so rein war er gescheuert. Abends, wenn die Flocken fielen, sagte die Mutter: »Geh, Schneeweißchen, und schieb den Riegel vor«, und dann setzten sie sich an den Herd, und die Mutter nahm die Brille und las aus einem großen Buch vor und die beiden Mädchen hörten zu, saßen und spannen; neben ihnen lag ein Lämmchen auf dem Boden, und hinter ihnen auf einer Stange saß ein weißes Täubchen und hatte seinen Kopf unter den Flügel gesteckt.

Eines Abends, als sie so vertraulich beisammensaßen, klopfte jemand an die Tür, als wollte er eingelassen werden. Die Mutter sprach: »Geschwind, Rosenrot, mach auf, es wird ein Wanderer sein, der eine Bleibe sucht.«

Rosenrot ging und schob den Riegel weg und dachte, es wäre ein armer Mann, aber das war es nicht; es war ein Bär, der seinen dicken schwarzen Kopf zur Türe hereinstreckte. Rosenrot schrie laut und sprang zurück; das Lämmchen blökte, das Täubchen flatterte auf, und Schneeweißchen versteckte sich hinter der Mutter Bett.

Der Bär aber fing an zu sprechen und sagte: »Fürchtet euch nicht, ich tue euch nichts zuleide, ich bin halb erfroren und will mich nur ein wenig bei euch wärmen.«

»Du armer Bär«, sprach die Mutter, »leg dich ans Feuer und gib nur acht, dass dir dein Pelz nicht brennt.« Dann rief sie: »Schneeweißchen, Rosenrot, kommt hervor, der Bär tut euch nichts, er meint's ehrlich!«

Da kamen sie beide heran, und nach und nach näherten sich auch das Lämmchen und Täubchen und hatten keine Furcht vor ihm.

Der Bär sprach: »Ihr Kinder, klopft mir den Schnee ein wenig aus dem Pelzwerk«, und sie holten den Besen und bürsteten dem Bären das Fell rein; er aber streckte sich ans Feuer und brummte ganz vergnügt und behaglich.

Nicht lange, so wurden sie ganz vertraut und trieben Schabernack mit dem unbeholfenen Gast. Sie zausten ihm das Fell mit den Händen, setzten ihre Füßchen auf seinen Rücken und wälzten ihn hin und her, oder sie nahmen eine Haselrute und schlugen auf ihn los, und wenn er brummte, so lachten sie. Der Bär ließ sich's aber gerne gefallen, nur wenn sie's gar zu arg machten, rief er:

»Lasst mich am Leben, ihr Kinder!
Schneeweißchen, Rosenrot,
schlägst dir den Freier tot!«

Als Schlafenszeit war und die andern zu Bett gingen, sagte die Mutter zu dem Bären: »Du kannst in Gottes Namen da am Herde liegen bleiben, so bist du vor der Kälte und dem bösen Wetter geschützt.« Sobald der Tag graute, ließen ihn die beiden Kinder hinaus, und er trabte über den Schnee in den Wald hinein.

Von nun an kam der Bär jeden Abend zu der bestimmten Stunde, legte sich an den Herd und erlaubte den Kindern, Späße mit ihm zu treiben, so viel sie wollten; und sie waren so gewöhnt an ihn, dass die Türe nicht eher zugeriegelt wurde, als bis der schwarze Freund angelangt war.
Als das Frühjahr herangekommen und draußen alles grün war, sagte der Bär eines Morgens zu Schneeweißchen: »Nun muss ich fort und darf den ganzen Sommer nicht wiederkommen.«
»Wo gehst du denn hin, lieber Bär?«, fragte Schneeweißchen.
»Ich muss in den Wald und meine Schätze vor den bösen Zwergen hüten; im Winter, wenn die Erde hart gefroren ist, müssen sie unten bleiben und können sich nicht durcharbeiten, aber jetzt, wenn die Sonne die Erde aufgetaut und erwärmt hat, da brechen sie durch, steigen herauf, suchen und stehlen; was einmal in ihren Händen ist und in ihren Höhlen liegt, das kommt so leicht nicht wieder ans Tageslicht.«
Schneeweißchen war ganz traurig über den Abschied, und als es ihm die Türe aufriegelte und der Bär sich hinausdrängte, blieb er an dem Türhaken hängen, und ein Stück seiner Haut riss auf, und da war es Schneeweißchen, als hätte es Gold durchschimmern gesehen; aber es war seiner Sache nicht sicher. Der Bär lief eilig fort und war bald hinter den Bäumen verschwunden.

Nach einiger Zeit schickte die Mutter die Kinder in den Wald, um Reisig zu sammeln. Da fanden sie draußen einen großen Baum, der lag gefällt auf dem Boden, und an dem Stamm sprang zwischen dem Gras etwas auf und ab, sie konnten aber nicht erkennen, was es war. Als sie näher kamen, sahen sie einen Zwerg mit einem alten, verwelkten Gesicht und einem ellenlangen, schneeweißen Bart. Das Ende des Bartes war in eine Spalte des Baums eingeklemmt, und der Kleine sprang hin und her wie ein Hündchen an einem Seil und wusste nicht, wie er sich helfen sollte.
Er glotzte die Mädchen mit seinen roten feurigen Augen an und schrie: »Was steht ihr da! Könnt ihr nicht herbeikommen und mir Beistand leisten?«
»Was wolltest du tun, kleines Männchen?«, fragte Rosenrot.
»Dumme, neugierige Gans«, antwortete der Zwerg, »den Baum habe ich mir spalten wollen, um kleines Holz in der Küche zu haben; bei den dicken Klötzen verbrennt gleich das bisschen Speise, das unsereiner braucht, der nicht so viel hinunterschlingt wie ihr grobes, gieriges Volk. Ich hatte den Keil schon glücklich hineingetrieben, und es wäre alles nach Wunsch gegangen, aber das verwünschte Holz war zu glatt und sprang auf einmal heraus, und der Baum fuhr so geschwind zusammen, dass ich meinen schönen weißen Bart nicht mehr herausziehen konnte; nun steckt er drin, und ich kann nicht fort. Da lachen die albernen glatten Milchgesichter! Pfui, was seid ihr garstig!«

Die Kinder gaben sich alle Mühe, aber sie konnten den Bart nicht herausziehen, er steckte zu fest. »Ich will laufen und Leute herbeiholen«, sagte Rosenrot.
»Wahnsinnige Schafsköpfe«, schnarrte der Zwerg, »wer wird gleich Leute herbeirufen, ihr seid mir schon um zwei zu viel; fällt euch nichts Besseres ein?«
»Sei nur nicht ungeduldig«, sagte Schneeweißchen, »ich will schon eine Lösung finden«, holte sein Scherchen aus der Tasche und schnitt das Ende des Bartes ab.
Sobald der Zwerg sich frei fühlte, griff er nach einem Sack, der zwischen den Wurzeln des Baums steckte und mit Gold gefüllt war, hob ihn heraus und brummte vor sich hin: »Ungehobeltes Volk, schneidet mir ein Stück von meinem stolzen Bart ab! Lohn's euch der Kuckuck!«
Damit schwang er seinen Sack auf den Rücken und ging fort, ohne die Kinder auch nur noch einmal anzusehen.

Einige Zeit danach wollten Schneeweißchen und Rosenrot für ein Gericht Fische angeln. Als sie nahe bei dem Bach waren, sahen sie, dass etwas wie eine große Heuschrecke auf das Wasser zu hüpfte, als wollte es hineinspringen. Sie liefen heran und erkannten den Zwerg. »Wo willst du hin?«, fragte Rosenrot. »Du willst doch nicht ins Wasser?«

»Solch ein Narr bin ich nicht!«, schrie der Zwerg. »Seht ihr nicht, der verwünschte Fisch will mich hineinziehen?«

Der Kleine hatte dagesessen und geangelt, und unglücklicherweise hatte der Wind seinen Bart mit der Angelschnur verflochten; als gleich darauf ein großer Fisch anbiss, fehlten dem schwachen Kerl die Kräfte, ihn herauszuziehen; der Fisch behielt die Oberhand und riss den Zwerg zu sich hin. Zwar hielt er sich an allen Halmen und Binsen, aber das half nicht viel, er musste den Bewegungen des Fisches folgen und war in beständiger Gefahr, ins Wasser gezogen zu werden. Die Mädchen kamen gerade rechtzeitig, hielten ihn fest

und versuchten, den Bart von der Schnur loszumachen, aber vergebens, Bart und Schnur waren fest ineinander verworren. Es blieb nichts anderes übrig, als das Scherchen hervorzuholen und den Bart abzuschneiden, wobei ein kleiner Teil davon verloren ging. Als der Zwerg das sah, schrie er sie an: »Ist das Manier, ihr Kröten, einem das Gesicht zu schänden? Nicht genug, dass ihr mir den Bart unten abgestutzt habt, jetzt schneidet ihr mir den besten Teil davon ab: Ich darf mich vor den Meinigen gar nicht sehen lassen. Dass ihr laufen müsstet und die Schuhsohlen verloren hättet!« Dann holte er einen Sack Perlen, der im Schilfe lag, und ohne ein Wort weiter zu sagen, schleppte er ihn fort und verschwand hinter einem Stein.

Es trug sich zu, dass bald danach die Mutter die beiden Mädchen in die Stadt schickte, um Zwirn, Nadeln, Schnüre und Bänder einzukaufen. Der Weg führte sie über eine Heide, auf der hier und da mächtige Felsenstücke zerstreut lagen.
Da sahen sie einen großen Vogel in der Luft schweben, der langsam über ihnen kreiste, sich immer tiefer herabsenkte und endlich nicht weit bei einem Felsen niederstieß. Gleich darauf hörten sie einen durchdringenden, jämmerlichen Schrei. Sie liefen dazu und sahen mit Schrecken, dass der Adler ihren alten Bekannten, den Zwerg, gepackt hatte und ihn forttragen wollte. Die mitleidigen Kinder hielten gleich das Männchen fest und zerrten sich so lange mit dem Adler herum, bis er seine Beute losließ. Als der Zwerg sich von dem ersten Schrecken erholt hatte, schrie er mit seiner kreischenden Stimme: »Konntet ihr nicht säuberlicher mit mir umgehen? Gerissen habt ihr an meinem dünnen Röckchen, dass es überall zerfetzt und durchlöchert ist, unbeholfenes und läppisches Gesindel, das ihr seid!«
Dann nahm er einen Sack mit Edelsteinen und schlüpfte wieder unter den Felsen in seine Höhle. Die Mädchen waren an seinen Undank schon gewöhnt, setzten ihren Weg fort und verrichteten ihr Geschäft in der Stadt.

Als sie beim Heimweg wieder auf die Heide kamen, überraschten sie den Zwerg, der auf einem reinlichen Plätzchen seinen Sack mit Edelsteinen ausgeschüttet und nicht gedacht hatte, dass so spät noch jemand daherkommen würde. Die Abendsonne schien über die glänzenden Steine, sie schimmerten und leuchteten so prächtig in allen Farben, dass die Kinder stehen blieben und sie betrachteten.
»Was steht ihr da und glotzt blöd!«, schrie der Zwerg, und sein aschgraues Gesicht wurde zinnoberrot vor Zorn.

Er wollte mit seinem Schimpfen fortfahren, als sich ein lautes Brummen hören ließ und ein schwarzer Bär aus dem Walde herbeitrabte. Erschrocken sprang der Zwerg auf, aber er konnte nicht mehr zu seinem Schlupfwinkel gelangen, der Bär war schon in seiner Nähe.
Da rief er in Herzensangst: »Lieber Herr Bär, verschont mich, ich will Euch alle meine Schätze geben, sehet, die schönen Edelsteine, die da liegen. Schenkt mir das Leben, was habt Ihr an mir kleinem, schmächtigem Kerl? Ihr spürt mich nicht zwischen den Zähnen; da, die beiden gottlosen Mädchen packt, das sind für Euch zarte Bissen, fett wie junge Wachteln, fresst die in Gottes Namen!«
Der Bär kümmerte sich nicht um seine Worte, gab dem boshaften Geschöpf einen einzigen Schlag mit der Tatze, und es regte sich nicht mehr.
Die Mädchen waren fortgerannt, aber der Bär rief ihnen nach: »Schneeweißchen und Rosenrot, fürchtet euch nicht, wartet, ich will mit euch gehen!«

Da erkannten sie seine Stimme und blieben stehen, und als der Bär bei ihnen war, fiel plötzlich die Bärenhaut ab, und er stand da als ein schöner Mann und war ganz in Gold gekleidet.
»Ich bin eines Königs Sohn«, sprach er, »und war von dem gottlosen Zwerg, der mir meine Schätze gestohlen hatte, verwünscht, als ein wilder Bär in dem Walde zu laufen, bis ich durch seinen Tod erlöst würde. Jetzt hat er seine wohlverdiente Strafe bekommen.«

Schneeweißchen wurde mit ihm vermählt und Rosenrot mit seinem Bruder, und sie teilten die großen Schätze miteinander, die der Zwerg in seiner Höhle zusammengetragen hatte.
Die alte Mutter lebte noch lange Jahre ruhig und glücklich bei ihren Kindern. Die zwei Rosenbäumchen aber nahm sie mit, und sie standen vor ihrem Fenster und trugen jedes Jahr die schönsten Rosen, weiß und rot.

DIE BREMER STADTMUSIKANTEN

Es hatte ein Mann einen Esel, der schon viele Jahre die Säcke unverdrossen zur Mühle getragen hatte, dessen Kräfte aber nun zu Ende gingen, sodass er zur Arbeit immer untauglicher wurde. Da dachte der Herr daran, ihn fortzuschaffen, aber der Esel merkte, dass kein guter Wind wehte, lief fort und machte sich auf den Weg nach Bremen. Dort, meinte er, könne er ja Stadtmusikant werden.

Als er ein Weilchen fortgegangen war, fand er einen Jagdhund auf dem Wege liegen, der japste wie einer, der sich müde gelaufen hat.

»Nun, was japst du so, Packan?«, fragte der Esel.

»Ach«, sagte der Hund, »weil ich alt bin und jeden Tag schwächer werde, auch auf der Jagd nicht mehr fortkann, hat mich mein Herr totschlagen wollen, da hab ich Reißaus genommen; aber womit soll ich nun mein Brot verdienen?«

»Weißt du was«, sprach der Esel, »ich gehe nach Bremen und werde dort Stadtmusikant, geh mit und lass dich auch bei der Musik annehmen. Ich spiele die Laute und du schlägst die Pauken.« Der Hund war zufrieden und sie gingen weiter.

Es dauerte nicht lange, so saß da eine Katze an dem Weg und machte ein Gesicht wie drei Tage Regenwetter.
»Nun, was ist dir in die Quere gekommen, alter Bartputzer?«, sprach der Esel.
»Wer kann da lustig sein, wenn's einem an den Kragen geht«, antwortete die Katze. »Weil ich nun in die Jahre komme, meine Zähne stumpf werden und ich lieber hinter dem Ofen sitze und träume, als hinter Mäusen herjage, hat mich meine Herrin ersäufen wollen; ich habe mich zwar noch fortgemacht, aber nun ist guter Rat teuer: Wo soll ich hin?«
»Geh mit uns nach Bremen, du verstehst dich doch auf die Nachtmusik, da kannst du ein Stadtmusikant werden.«
Die Katze hielt das für gut und ging mit.

Darauf kamen die drei Landesflüchtigen an einem Hof vorbei, da saß auf dem Tor der Haushahn und schrie aus Leibeskräften.
»Du schreist einem durch Mark und Bein«, sprach der Esel, »was hast du vor?«
»Da hab ich gut Wetter prophezeit«, sprach der Hahn, »weil Waschtag ist, wo sie dem Christkindlein die Hemdchen gewaschen hat und sie trocknen will; aber weil morgen zum Sonntag Gäste kommen, hat die Hausfrau doch kein Erbarmen und hat der Köchin gesagt, sie wollte mich morgen in der Suppe essen, und da soll ich mir heute Abend den Kopf abschneiden lassen. Nun schrei ich aus vollem Hals, solang ich noch kann.«
»Ei was, du Rotkopf«, sagte der Esel, »zieh lieber mit uns fort, wir gehen nach Bremen, etwas Besseres als den Tod findest du überall; du hast eine gute Stimme, und wenn wir zusammen musizieren, so wird es schön klingen.« Der Hahn ließ sich den Vorschlag gefallen und sie gingen alle vier zusammen fort.
Sie konnten aber die Stadt Bremen an einem Tag nicht erreichen und kamen abends in einen Wald, wo sie übernachten wollten. Der Esel und der Hund legten sich unter einen großen Baum, die Katze und der Hahn setzten sich auf die Äste, der Hahn aber flog bis in die Spitze, wo es am sichersten für ihn war.

Ehe er einschlief, sah er sich noch einmal in alle vier Windrichtungen um, da kam es ihm so vor, als sähe er in der Ferne ein Fünkchen brennen, und er rief seinen Gesellen zu, es müsste nicht weit ein Haus sein, denn es scheine ein Licht.
Da sprach der Esel: »So müssen wir uns aufmachen und noch hingehen, denn hier ist die Herberge schlecht.«
Der Hund meinte, ein paar Knochen und etwas Fleisch dran täten ihm auch gut.
Also machten sie sich auf den Weg zu der Gegend, wo das Licht war, und sie sahen es bald heller schimmern und es wurde immer größer, bis sie vor ein hell erleuchtetes Räuberhaus kamen.
Der Esel als der Größte, näherte sich dem Fenster und schaute hinein.
»Was siehst du?«, fragte der Hahn.
»Was ich sehe?«, antwortete der Esel. »Einen gedeckten Tisch mit schönem Essen und Trinken und Räuber sitzen daran und lassen's sich gut gehen.«
»Das wäre was für uns«, sprach der Hahn.
»Ja, ja, ach, wären wir da!«, sagte der Esel.

Da beratschlagten die Tiere, wie sie es anfangen müssten, um die Räuber hinauszujagen, und fanden endlich ein Mittel. Der Esel musste sich mit den Vorderfüßen auf das Fenster stellen, der Hund auf den Rücken des Esels springen, die Katze auf den Hund klettern, und zum Schluss flog der Hahn hinauf und setzte sich der Katze auf den Kopf. Als das geschehen war, fingen sie auf ein Zeichen alle an, ihre Musik zu machen: Der Esel schrie, der Hund bellte, die Katze miaute und der Hahn krähte; dann stürzten sie durch das Fenster in die Stube hinein, dass die Scheiben klirrten. Die Räuber fuhren bei dem entsetzlichen Geschrei in die Höhe, meinten nichts anderes, als dass ein Gespenst hereinkäme, und flohen in größter Furcht in den Wald hinaus.
Nun setzten sich die vier Freunde an den Tisch, nahmen mit dem vorlieb, was übrig geblieben war, und aßen, als ob sie vier Wochen hungern müssten.

Als die vier Spielleute fertig waren, löschten sie das Licht aus und suchten sich eine Schlafstätte, jeder nach seiner Natur und Bequemlichkeit. Der Esel legte sich auf den Mist, der Hund hinter die Türe, die Katze auf den Herd bei der warmen Asche, und der Hahn setzte sich auf den Hahnbalken; und weil sie müde waren von ihrem langen Weg, schliefen sie auch bald ein. Als Mitternacht vorbei war und die Räuber von Weitem sahen, dass kein Licht mehr im Haus brannte und auch alles ruhig schien, sprach der Hauptmann: »Wir hätten uns doch nicht ins Bockshorn jagen

lassen sollen«, und hieß einen hingehen und das Haus untersuchen. Der Abgesandte fand alles still vor, ging in die Küche, ein Licht anzuzünden, und weil die feurigen Augen der Katze wie glühende Kohlen aussahen, hielt er ein Schwefelhölzchen daran, sodass es Feuer fangen sollte.

Aber die Katze verstand keinen Spaß, sprang ihm ins Gesicht, spie und kratzte. Da erschrak er gewaltig, lief und wollte zur Hintertüre hinaus, aber der Hund, der da lag, sprang auf und biss ihn ins Bein; und als er über den Hof an dem Mist vorbeirannte, gab ihm der Esel noch einen tüchtigen Schlag mit dem Hinterhuf; der Hahn aber, der vom Lärmen aus dem Schlaf geweckt und munter geworden war, rief vom Balken herab: »Kikeriki!« Da lief der Räuber, so schnell er konnte, zu seinem Hauptmann zurück und sprach: »Ach, in dem Haus sitzt eine grausige Hexe, die hat mich angehaucht und mit ihren langen Fingern mir das Gesicht zerkratzt; und vor der Türe steht ein Mann mit einem Messer, der hat mich ins Bein gestochen; und auf dem Hof liegt ein schwarzes Ungetüm, das hat mit einer Holzkeule auf mich losgeschlagen; und oben auf dem Dach, da sitzt der Richter, der rief: ›Bringt mir den Schelm her!‹ Da machte ich, dass ich fortkam.«

Von nun an getrauten sich die Räuber nicht weiter in das Haus, den vier Bremer Musikanten gefiel's aber so gut darin, dass sie nicht wieder herauswollten. Und der das zuletzt erzählt hat, dem ist der Mund noch warm.

RUMPELSTILZCHEN

Es war einmal ein Müller, der war arm, aber er hatte eine schöne Tochter.
Nun traf es sich, dass er mit dem König zu sprechen kam, und um sich wichtigzumachen, sagte er zu ihm: »Ich habe eine Tochter, die kann Stroh zu Gold spinnen.«
Der König sprach zum Müller: »Das ist eine Kunst, die mir wohl gefällt! Wenn deine Tochter so geschickt ist, wie du sagst, so bring sie morgen in mein Schloss, da will ich sie auf die Probe stellen.«

Als nun das Mädchen zu ihm gebracht ward, führte er es in eine Kammer, die ganz voll Stroh lag, gab ihr Rad und Haspel und sprach: »Jetzt mache dich an die Arbeit, und wenn du diese Nacht durch bis morgen Früh dieses Stroh nicht zu Gold versponnen hast, so musst du sterben.« Darauf schloss er die Kammer selbst zu und sie blieb allein darin.

Da saß die arme Müllerstochter nun und wusste um ihr Leben keinen Rat: Sie verstand gar nichts davon, wie man Stroh zu Gold spinnen konnte, und ihre Angst ward immer größer, bis dass sie schließlich zu weinen anfing. Da ging auf einmal die Türe auf und ein kleines Männchen trat herein und sprach: »Guten Abend, Jungfer Müllerin, warum weint sie so sehr?«

»Ach«, antwortete das Mädchen, »ich soll Stroh zu Gold spinnen und verstehe das nicht.«

Da sprach das Männchen: »Was gibst du mir, wenn ich dir's spinne?«
»Mein Halsband«, sagte das Mädchen.
Das Männchen nahm das Halsband, setzte sich vor das Rädchen, und schnurr, schnurr, schnurr, dreimal gezogen, war die Spule voll.
Dann steckte es eine andere auf, und schnurr, schnurr, schnurr, dreimal gezogen, war auch die zweite voll; und so ging's fort bis zum Morgen, da war alles Stroh versponnen, und alle Spulen waren voll Gold.

Bei Sonnenaufgang kam schon der König, und als er das Gold erblickte, erstaunte er und freute sich, aber sein Herz ward nur noch goldgieriger. Er ließ die Müllerstochter in eine andere Kammer voll Stroh bringen, die noch viel größer war, und befahl ihr, das auch in einer Nacht zu spinnen, wenn ihr das Leben lieb wäre.

Das Mädchen wusste sich nicht zu helfen und weinte; da ging abermals die Türe auf, und das kleine Männchen erschien und sprach: »Was gibst du mir, wenn ich dir das Stroh zu Gold spinne?«

»Meinen Ring von dem Finger«, antwortete das Mädchen.

Das Männchen nahm den Ring, fing wieder an zu schnurren mit dem Rade und hatte bis zum Morgen alles Stroh zu glänzendem Gold gesponnen. Der König freute sich über die Maßen bei dem Anblick, war aber noch immer nicht des Goldes satt, sondern ließ die Müllerstochter in eine noch größere Kammer voll Stroh bringen und sprach: »Die musst du noch in dieser Nacht verspinnen: Gelingt dir's aber, so sollst du meine Gemahlin werden.«

Wenn's auch eine Müllerstochter ist, dachte er, eine reichere Frau finde ich in der ganzen Welt nicht.

Als das Mädchen allein war, kam das Männlein zum dritten Mal wieder und sprach: »Was gibst du mir, wenn ich dir noch dieses eine Mal das Stroh spinne?«
»Ich habe nichts mehr, das ich geben könnte«, antwortete das Mädchen.
»So versprich mir, wenn du Königin wirst, dein erstes Kind.«
»Wer weiß, wie lange das noch geht«, dachte die Müllerstochter und wusste sich in der Not nicht anders zu helfen, als dem Männchen zu versprechen, was es verlangte, und das Männchen spann dafür noch einmal das Stroh zu Gold.

Und als am Morgen der König kam und alles fand, wie er gewünscht hatte, so hielt er Hochzeit mit ihr, und die schöne Müllerstochter ward eine Königin. Nach einem Jahr brachte sie ein schönes Kind zur Welt und dachte gar nicht mehr an das Männchen. Da trat es plötzlich in ihre Kammer und sprach: »Nun gib mir, was du versprochen hast.« Die Königin erschrak und bot dem Männchen alle Reichtümer des Königreichs an, wenn es ihr das Kind lassen wollte, aber das Männchen sprach: »Nein, etwas Lebendes ist mir lieber als alle Schätze der Welt.« Da fing die Königin so an zu jammern und zu weinen, dass das Männchen Mitleid mit ihr hatte: »Drei Tage will ich dir Zeit lassen«, sprach es, »wenn du bis dahin meinen Namen weißt, so sollst du dein Kind behalten.«

Bernadette

Nun besann sich die Königin die ganze Nacht über auf alle Namen, die sie jemals gehört hatte, und schickte einen Boten über Land, der sollte sich erkundigen weit und breit, was es sonst noch für Namen gäbe.
Als am andern Tag das Männchen kam, fing sie an mit Kaspar, Melchior, Balzer und sagte alle Namen, die sie wusste, der Reihe nach her, aber bei jedem sprach das Männlein: »So heiß ich nicht.«
Den zweiten Tag ließ sie in der Nachbarschaft herumfragen, wie die Leute da genannt würden, und sagte dem Männlein die ungewöhnlichsten und seltsamsten Namen vor: »Heißt du vielleicht Rippenbiest oder Hammelswade oder Schnürbein?« Aber es antwortete immer: »So heiß ich nicht.«

Den dritten Tag kam der Bote wieder zurück und erzählte: »Neue Namen habe ich keinen einzigen finden können, aber wie ich an einen hohen Berg um die Waldecke kam, wo Fuchs und Has sich gute Nacht sagen, da sah ich ein kleines Haus, und vor dem Haus brannte ein Feuer, und um das Feuer sprang ein gar zu lächerliches Männchen, hüpfte auf einem Bein und schrie:

»Heute back ich, morgen brau ich,
übermorgen hol ich der Königin ihr Kind;
ach, wie gut, dass niemand weiß,
dass ich Rumpelstilzchen heiß!«

Da könnt ihr denken, wie die Königin froh war, als sie den Namen hörte, und als bald hernach das Männlein hereintrat und fragte: »Nun, Frau Königin, wie heiß ich?«, fragte sie erst:
»Heißest du Kunz?«
»Nein.«
»Heißest du Heinz?«
»Nein.«
»Heißt du etwa Rumpelstilzchen?«

»Das hat dir der Teufel gesagt, das hat dir der Teufel gesagt«, schrie das Männlein und stieß mit dem rechten Fuß vor Zorn so tief in die Erde, dass es bis an den Leib hineinfuhr, dann packte es in seiner Wut den linken Fuß mit beiden Händen und riss sich selbst mitten entzwei.

DER WOLF UND DIE SIEBEN JUNGEN GEISSLEIN

Es war einmal eine alte Geiß, die hatte sieben junge Geißlein und hatte sie lieb, wie eine Mutter ihre Kinder lieb hat. Eines Tages wollte sie in den Wald gehen und Futter holen, da rief sie alle sieben herbei und sprach: »Liebe Kinder, ich will hinaus in den Wald, seid auf der Hut vor dem Wolf, wenn er hereinkommt, dann frisst er euch alle mit Haut und Haar. Der Bösewicht verstellt sich oft, aber an seiner rauen Stimme und an seinen schwarzen Füßen werdet ihr ihn gleich erkennen.« Die Geißlein sagten: »Liebe Mutter, wir wollen uns schon in Acht nehmen, Ihr könnt ohne Sorge fortgehen.« Da meckerte die Alte und machte sich getrost auf den Weg.

Es dauerte nicht lange, da klopfte jemand an die Haustüre und rief: »Macht auf, ihr lieben Kinder, eure Mutter ist da und hat jedem von euch etwas mitgebracht!«
Aber die Geißlein hörten an der rauen Stimme, dass es der Wolf war. »Wir machen nicht auf!«, riefen sie. »Du bist nicht unsere Mutter, die hat eine feine und liebliche Stimme, aber deine Stimme ist rau; du bist der Wolf!«

Da ging der Wolf fort zu einem Krämer und kaufte sich ein großes Stück Kreide; die aß er und machte damit seine Stimme fein. Dann kam er zurück, klopfte an die Haustüre und rief: »Macht auf, ihr lieben Kinder, eure Mutter ist da und hat jedem von euch etwas mitgebracht!«
Aber der Wolf hatte seine schwarzen Pfoten in das Fenster gelegt, das sahen die Kinder und riefen: »Wir machen nicht auf, unsere Mutter hat keinen schwarzen Fuß wie du: Du bist der Wolf!«

Da lief der Wolf zu einem Bäcker und sprach: »Ich habe mich an den Fuß gestoßen, streich mir Teig darüber.« Und als ihm der Bäcker die Pfote bestrichen hatte, so lief er zum Müller und sprach: »Streu mir weißes Mehl auf meine Pfote.«
Der Müller dachte: »Der Wolf will einen betrügen«, und weigerte sich, aber der Wolf sprach: »Wenn du es nicht tust, so fresse ich dich.«
Da fürchtete sich der Müller und machte ihm die Pfote weiß. Ja, das sind die Menschen.
Nun ging der Bösewicht zum dritten Mal zu der Haustüre, klopfte an und sprach: »Macht mir auf, Kinder, euer liebes Mütterchen ist heimgekommen und hat jedem von euch etwas aus dem Walde mitgebracht.«
Die Geißlein riefen: »Zeig uns erst deine Pfote, damit wir wissen, dass du unser liebes Mütterchen bist!«
Da legte er die Pfote ins Fenster, und als sie sahen, dass sie weiß war, so glaubten sie, es wäre alles wahr, was er sagte, und machten die Türe auf. Wer aber hereinkam, das war der Wolf.

Sie erschraken und wollten sich verstecken. Das eine sprang unter den Tisch, das zweite ins Bett, das dritte in den Ofen, das vierte in die Küche, das fünfte in den Schrank, das sechste unter die Waschschüssel, das siebente in den Kasten der Wanduhr.

Aber der Wolf fand sie alle und machte nicht langes Federlesen; eins nach dem andern schluckte er in seinen Rachen; nur das jüngste in dem Uhrkasten, das fand er nicht.

Als der Wolf seine Lust gestillt hatte, trollte er sich fort, legte sich draußen auf der grünen Wiese unter einen Baum und fing an zu schlafen.
Nicht lange danach kam die alte Geiß aus dem Walde wieder heim. Ach, was musste sie da erblicken! Die Haustüre stand sperrangelweit auf: Tisch, Stühle und Bänke waren umgeworfen, die Waschschüssel lag in Scherben, Decke und Kissen waren aus dem Bett gezogen. Sie suchte ihre Kinder, aber nirgends waren sie zu finden. Sie rief sie nacheinander beim Namen, aber niemand antwortete. Endlich, als sie zum jüngsten kam, da rief eine feine Stimme: »Liebe Mutter, ich stecke im Uhrkasten!«
Sie holte es heraus, und es erzählte ihr, dass der Wolf gekommen wäre und die andern alle gefressen hätte. Da könnt ihr denken, wie sie über ihre armen Kinder geweint hat. Endlich ging sie in ihrem Jammer hinaus, und das jüngste Geißlein lief mit. Als sie auf die Wiese kam, so lag da der Wolf an dem Baum und schnarchte, dass die Äste zitterten. Sie betrachtete ihn von allen Seiten und sah, dass in seinem gefüllten Bauch sich etwas regte und zappelte.

»Ach Gott«, dachte sie, »sollten meine armen Kinder, die er zum Abendbrot hinuntergewürgt hat, noch am Leben sein?« Da musste das Geißlein nach Hause laufen und Schere, Nadel und Zwirn holen.
Dann schnitt sie dem Ungetüm den Bauch auf, und kaum hatte sie einen Schnitt getan, so streckte schon ein Geißlein den Kopf heraus, und als sie weiterschnitt, so sprangen nacheinander alle sechs heraus und waren noch alle am Leben und hatten nicht einmal Schaden erlitten, denn das Ungetüm hatte sie in der Gier ganz hinuntergeschluckt.
Das war eine Freude! Da herzten sie ihre liebe Mutter und hüpften wie ein Schneider, der Hochzeit hält. Die Alte aber sagte: »Jetzt geht und sucht Wackersteine, damit wollen wir dem gottlosen Tier den Bauch füllen, solange es noch im Schlafe liegt.«
Da schleppten die sieben Geißlein in aller Eile die Steine herbei und steckten sie ihm in den Bauch, so viel sie hineinbringen konnten. Dann nähte ihn die Alte in aller Geschwindigkeit wieder zu, dass er nichts merkte und sich nicht einmal regte.

Als der Wolf endlich ausgeschlafen hatte, machte er sich auf die Beine, und weil ihm die Steine im Magen so großen Durst erregten, so wollte er zu einem Brunnen gehen und trinken. Als er aber anfing zu gehen und sich hin und her zu bewegen, so stießen die Steine in seinem Bauch aneinander und rappelten. Da rief er:

»Was rumpelt und pumpelt
in meinem Bauch herum?
Ich meinte, es wären sechs Geißlein,
so sind's lauter Wackerstein'.«
Und als er an den Brunnen kam und sich über das Wasser bückte und trinken wollte, da zogen ihn die schweren Steine hinein, und er musste jämmerlich ersaufen.

Als die sieben Geißlein das sahen, da kamen sie herbeigelaufen und riefen laut: »Der Wolf ist tot! Der Wolf ist tot!«, und tanzten mit ihrer Mutter vor Freude um den Brunnen herum.

DIE STERNTALER

Es war einmal ein kleines Waisenmädchen namens Mathilda. Das Mädchen war so arm, dass es nichts auf dieser Welt besaß als die Kleider, die es trug, und ein Stückchen Brot in seiner Manteltasche. Und weil es ganz allein war, zog es eines Morgens in die weite Welt hinaus.

Nach kurzer Zeit begegnete Mathilda einem armen Mann. Der Mann war alt und schwach.
Als er Mathilda sah, bat er: »Ach bitte, liebes Kind, gib mir etwas zu essen, meine Frau und ich sind am Verhungern!«
Da reichte Mathilda ihm bereitwillig ihr letztes Stückchen Brot.
»Gott segne's dir«, sagte der arme Mann.

Mathilda aber ging weiter. Nach einer Weile kam ein rauer Wind auf und blies über die weite Ebene. Da sah Mathilda einen kleinen Jungen des Weges kommen. Er zitterte vor Kälte und sagte zu Mathilda: »Es friert mich so an meinen Ohren. Bitte schenk mir etwas, womit ich meinen Kopf bedecken kann.«
Da nahm Mathilda ihre warme Mütze ab und gab sie dem kleinen Jungen. Dann ging sie weiter, durch Wälder und durch Wiesen und vorbei an Bauernhöfen.

Der Wind trieb dunkle Wolken über den Himmel, und bald begann es zu regnen. Doch Mathilda ging weiter. Gegen Mittag kam wieder ein armer Junge des Weges. Er trug keinen Mantel und zitterte vor Kälte. Mathilda hatte Mitleid mit ihm. Sie zog ihren Mantel aus und legte ihn dem Jungen über die Schultern. Der kleine Junge hörte auf zu zittern und lächelte Mathilda dankbar an.

Am späten Nachmittag legte sich der Wind und die Sonne kam hervor. Ein Regenbogen spannte sich über den Himmel, und das grüne Gras und die Blumen leuchteten im Sonnenlicht.
Mathilda war sehr hungrig und sah sich nach etwas Essbarem um. Sie musste nicht lange suchen: Genau vor ihr wuchs ein Strauch mit süßen Beeren. Und gleich daneben stand ein wilder Apfelbaum, dessen Zweige voll beladen waren mit reifen Äpfeln. Mathilda aß, bis sie satt war. Danach lief sie weiter.
Allmählich wurde es dunkel. Die Schatten der Bäume und Sträucher wurden immer länger.
Da stieß Mathilda auf eine einsame Hütte. Neben dem Gartentor stand ein Mädchen, das genauso groß war wie Mathilda. Das Mädchen sah verzweifelt aus: »Bitte, gib mir dein Kleid«, bat es. »Der Wind hat meines zerfetzt, und jetzt habe ich nichts mehr anzuziehen als dieses dünne Tuch.«
Ohne zu zögern, zog Mathilda ihr altes und abgetragenes Kleid aus und schenkte es dem Mädchen.

Nachdem die Sonne untergegangen war, kam Mathilda zu einem riesigen Wald. Lange, dunkle Schatten fielen auf den Pfad, der sich zwischen Büschen und mächtigen Bäumen hindurchschlängelte. Über Mathildas Kopf ächzten und stöhnten die Äste im Wind. Doch Mathilda fürchtete sich nicht und lief guten Mutes weiter. Sie lief in den Wald hinein. Nach einer Weile sah sie deutlich einen Weg vor sich, der links und rechts von Glühwürmchen beleuchtet wurde.

Da kam ihr eine arme Familie entgegengelaufen. Die Menschen sahen müde und erschöpft aus. Die Mutter trug ein Baby in den Armen, und vor ihr ging ein älteres Kind, das bloß mit einem Schultertuch bekleidet war. »Ach bitte«, sagte das Kind zu Mathilda, »ich friere so, bitte gib mir etwas, womit ich mich bedecken kann.«

Mathilda dachte sich: »Es ist dunkle Nacht,
da sieht mich niemand, da kann ich wohl mein
Hemdchen weggeben.« Sie zog das Hemd aus
und gab es dem Kind. Jetzt hatte sie gar nichts
mehr anzuziehen.

Und wie Mathilda so dastand, in der kalten Nacht, fielen unzählige Sterne vom Himmel, die sich in glänzende Silbermünzen verwandelten. Und obgleich Mathilda gerade erst ihr letztes Hemd weggegeben hatte, trug sie jetzt ein neues Kleid aus feinstem Gewebe. Glücklich sammelte Mathilda die Silbermünzen ein und steckte sie in die Taschen ihres Kleides. Von dieser Nacht an musste Mathilda nie mehr Not leiden.

249
HEINRICHSTRASSE

FRAU HOLLE

Eine reiche Witwe hatte zwei Töchter, davon war die eine schön und fleißig, die andere hässlich und faul. Sie hatte aber die hässliche und faule, weil es ihre richtige Tochter war, viel lieber, und die andere musste alle Arbeit tun und das Aschenputtel im Haus sein. Das arme Mädchen musste sich täglich auf die große Straße bei einem Brunnen setzen und so viel spinnen, dass ihm das Blut aus den Fingern floss.
Nun trug es sich zu, dass die Spule einmal ganz blutig war; da bückte es sich zum Brunnen hinunter und wollte die Spule abwaschen. Die Spule rutschte ihm aus der Hand und fiel hinab. Das Mädchen weinte, lief zur Stiefmutter und erzählte ihr von dem Unglück.
Diese schimpfte aber so heftig mit ihm und war so unbarmherzig, dass sie sprach: »Hast du die Spule hinunterfallen lassen, so hol sie auch wieder herauf.«
Da ging das Mädchen zu dem Brunnen zurück und wusste nicht, was es anfangen sollte; und in seiner Herzensangst sprang es in den Brunnen hinein, um die Spule zu holen.

Es verlor die Besinnung, und als es erwachte und wieder zu sich kam, war es auf einer schönen Wiese, wo die Sonne schien und viele tausend Blumen standen.

Auf dieser Wiese ging es weiter und kam zu einem Backofen, der war voller Brot; das Brot aber rief: »Ach, zieh mich raus, zieh mich raus, sonst verbrenn ich: Ich bin schon längst fertig gebacken!«
Da trat das Mädchen hinzu und holte mit dem Brotschieber das Brot heraus.
Danach ging es weiter und kam zu einem Baum, der hing voller Äpfel und er rief ihm zu: »Ach, schüttel mich, schüttel mich, wir Äpfel sind alle miteinander reif!«
Da schüttelte es den Baum, dass die Äpfel fielen, als regneten sie, und schüttelte, bis keiner mehr oben war; und als es alle auf einen Haufen zusammengetragen hatte, ging es wieder weiter.

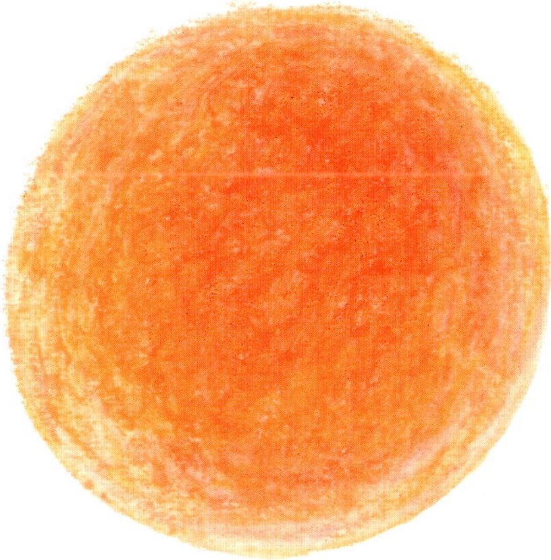

Endlich kam das Mädchen zu einem kleinen Haus, daraus guckte eine alte Frau; weil sie aber so große Zähne hatte, fürchtete es sich und wollte weglaufen. Die alte Frau aber rief ihm nach: »Was fürchtest du dich, liebes Kind? Bleib bei mir; wenn du alle Arbeit im Haus ordentlich tun willst, dann soll es dir gut gehen. Du musst nur achtgeben, dass du mein Bett gut machst und es fleißig aufschüttelst, dass die Federn fliegen. Dann schneit es auf der Welt. Ich bin die Frau Holle.«
Weil die Alte ihm so gut zusprach, fasste sich das Mädchen ein Herz, willigte ein und begab sich in ihren Dienst.

Es tat auch alles zu ihrer Zufriedenheit und schüttelte ihr das Bett immer gewaltig auf, dass die Federn wie Schneeflocken umherflogen; dafür hatte es auch ein gutes Leben bei ihr, kein böses Wort fiel und es hatte jeden Tag gutes Essen.
Nun war das Mädchen eine Zeit lang bei der Frau Holle, da wurde es traurig und wusste anfangs selbst nicht, was ihm fehlte; endlich merkte es, dass es Heimweh war; obwohl es ihm hier vieltausendmal besser ging als zu Hause, hatte es doch ein Verlangen danach.

Endlich sagte es zu ihr: »Ich habe Heimweh, und wenn es mir auch noch so gut hier unten geht, so kann ich doch nicht länger bleiben, ich muss wieder hinauf zu den Meinigen.«
Die Frau Holle sagte: »Es gefällt mir, dass du wieder zurückmöchtest, und weil du mir so treu gedient hast, will ich dich selbst wieder hinaufbringen.«
Sie nahm das Mädchen darauf bei der Hand und führte es vor ein großes Tor. Das Tor ging auf, und als das Mädchen gerade darunter stand, fiel ein gewaltiger Goldregen, und alles Gold blieb an ihm hängen, sodass es über und über davon bedeckt war.
»Das sollst du haben, weil du so fleißig gewesen bist«, sprach die Frau Holle und gab ihm auch die Spule wieder, die in den Brunnen gefallen war.

Darauf schloss sich das Tor, und das Mädchen befand sich oben auf der Welt, nicht weit von dem Haus seiner Mutter; und als es in den Hof kam, saß der Hahn auf dem Brunnen und rief:
»Kikeriki,
unsere goldene Jungfrau ist wieder hie!«
Da ging es hinein zu seiner Mutter, und weil es so mit Gold bedeckt ankam, wurde es von ihr und der Schwester gut aufgenommen.

Das Mädchen erzählte alles, was ihm passiert war, und als die Mutter hörte, wie es zu dem großen Reichtum gekommen war, wollte sie der anderen, hässlichen und faulen Tochter gerne dasselbe Glück verschaffen. Sie musste sich an den Brunnen setzen und spinnen; und damit ihre Spule blutig wurde, stach sie sich in die Finger und stieß die Hand in die Dornenhecke. Dann warf sie die Spule in den Brunnen und sprang selber hinein. Sie kam, wie die andere, auf die schöne Wiese und ging auf demselben Pfad weiter. Als sie zu dem Backofen gelangte, schrie das Brot wieder: »Ach, zieh mich raus, zieh mich raus, sonst verbrenn ich, ich bin schon längst fertig gebacken!« Die Faule aber antwortete: »Ich habe keine Lust, mich schmutzig zu machen«, und ging fort. Bald kam sie zu dem Apfelbaum, der rief: »Ach, schüttel mich, schüttel mich, wir Äpfel sind alle miteinander reif!« Sie antwortete aber: »Du kommst mir recht, es könnte mir einer auf den Kopf fallen«, und ging weiter.

Als sie vor das Haus der Frau Holle kam, fürchtete sie sich nicht, weil sie von ihren großen Zähnen schon gehört hatte, und ließ sich gleich bei ihr anstellen. Am ersten Tag gab sie sich Mühe, war fleißig und gehorchte der Frau Holle, wenn sie ihr etwas sagte, denn sie dachte an das viele Gold, das sie ihr schenken würde.

Am zweiten Tag aber fing sie schon an zu faulenzen, am dritten noch mehr, da wollte sie morgens gar nicht aufstehen. Sie machte auch der Frau Holle das Bett nicht, wie es sich gebührte, und schüttelte es nicht, dass die Federn aufflogen.

Das wurde die Frau Holle bald müde und sie entließ sie aus dem Dienst. Der Faulen war das recht und sie meinte, nun würde der Goldregen kommen. Die Frau Holle führte sie auch zu dem Tor, als sie aber darunter stand, wurde statt des Goldes ein großer Kessel voll Pech ausgeschüttet. »Das ist zur Belohnung für deine Dienste«, sagte die Frau Holle und schloss das Tor zu.
So kam die Faule heim, aber sie war ganz mit Pech bedeckt, und der Hahn auf dem Brunnen, als er sie sah, rief:
»Kikeriki,
unsere schmutzige Jungfrau ist wieder hie!«
Das Pech aber blieb fest an ihr hängen und wollte, so lange sie lebte, nicht abgehen.

ERSCHEINUNGSJAHR BEI NORDSÜD

Rotkäppchen (1968)
Jorinde und Joringel (1970)
Hänsel und Gretel (1973)
Rapunzel (1974)
Aschenputtel (1977)
Schneewittchen (1983)
Dornröschen (1984)
Schneeweißchen und Rosenrot (1988)
Die Bremer Stadtmusikanten (1992)
Rumpelstilzchen (1993)
Der Wolf und die sieben jungen Geißlein (1995)
Die Sterntaler (2010)
Frau Holle (2016)

Lektorat: Natalie Tornai
Lithografie: Frische Grafik, Hamburg
Gestaltung: Herr K | Jan Kermes
Druck und Bindung: Livonia Print, Riga, Lettland
ISBN: 978-3-314-10667-5

1. Auflage 2023
www.nord-sued.com
Bei Fragen, Wünschen oder Anregungen schreiben Sie bitte an:
info@nord-sued.com
Der NordSüd Verlag wird vom Bundesamt für Kultur mit einem
Strukturbeitrag für die Jahre 2021–2024 unterstützt.

Dieses Buch wird auf FSC-zertifiziertem Papier aus
verantwortungsvollen Quellen gedruckt.

WEITERE BÜCHER VON BERNADETTE BEI NORDSÜD

Der kleine Gärtner (1985)
978-3-314-01668-4

Schuster Martin (1986)
978-3-314-00268-7

Varenka (1971)
978-3-314-01672-1

Ein Esel geht nach Bethlehem (1988)
978-3-314-10055-0

Schneeflocke (2009)
978-3-314-10619-4

Der Hase und die Schildkröte (2015)
978-3-314-10258-5

Der kleine Trommler (2018)
978-3-314-01450-3